www.ingramcontent.com/pod-product-compliance
Lightning Source LLC
LaVergne TN
LVHW020452070526
838199LV00063B/4923
9789358723250

اردو صحافت : کچھ جائزے

(تعمیر نیوز ویب پورٹل کے منتخب تحقیقی صحافتی مضامین)

مرتبہ:

مکرم نیاز

© Taemeer Publications LLC

Urdu Sahafat : kuch Jaaize (Essays)

Edited By: Mukarram Niyaz

Edition: January '2024

Publisher & Printer:

Taemeer Publications LLC (Michigan, USA / Hyderabad, India)

ISBN 978-93-5872-325-0

مصنف یا ناشر کی پیشگی اجازت کے بغیر اس کتاب کا کوئی بھی حصہ کسی بھی شکل میں بشمول ویب سائٹ پر اَپ لوڈنگ کے لیے استعمال نہ کیا جائے۔ نیز اس کتاب پر کسی بھی قسم کے تنازع کو نمٹانے کا اختیار صرف حیدرآباد (تلنگانہ) کی عدلیہ کو ہو گا۔

© تعمیر پبلی کیشنز

کتاب	:	**اردو صحافت : کچھ جائزے** (مضامین)
مرتبہ	:	**مکرم نیاز**
صنف	:	صحافتی مضامین
ناشر	:	تعمیر پبلی کیشنز (حیدرآباد، انڈیا)
سالِ اشاعت	:	۲۰۲۴ء
صفحات	:	۱۰۸
سرورق ڈیزائن	:	تعمیر ویب ڈیزائن

فہرست

تحقیق وتجزیہ

(۱) ہندوستان میں اردو صحافت کی ابتداء — ڈاکٹر افضل الدین اقبال 7

(۲) اردو روزنامے: آغاز وارتقاء — ڈاکٹر فضل اللہ مکرم 15

(۳) صحافت میں فیچر نگاری — عابد صدیقی 27

(۴) صحافت اور ادب: ادبی صحافت کی تعریف و تاریخ — ڈاکٹر اکرم وارث 34

(۵) دکن کی اردو صحافت: اردو اخبارات از ابتدا تا آزادئ ہند — محمد اعجاز الدین حامد 42

اخبارات

(٦) الہلال: مولانا ابوالکلام آزاد کا یادگار صحافتی جریدہ — ڈاکٹر اکرم وارث 50

(۷) کامریڈ: محمد علی جوہر کا ہفت روزہ اخبار — سید غلام ربانی 55

(۸) اودھ اخبار کے آئینہ میں: عکس نول کشور — ڈاکٹر عشرت ناہید 62

(۹) اردو ہفت روزہ نشیمن بنگلور کا اختتام — شیخ امتیاز احمد 69

(۱۰) بچوں کے اردو رسائل و اخبارات: ایک اجمالی جائزہ — شاہد زبیری 72

تبصرۂ کتاب

(۱۱) مولانا محمد عثمان فارقلیط کے منتخب اداریے — فاروق ارگلی 78

(۱۲) اردو کے چھوٹے اخبارات کے مسائل وامکانات — محمد عبدالعزیز سہیل 85

(۱۳) برقی صحافت: ٹی وی جرنلزم — محمد عبدالعزیز سہیل 90

(۱۴) سچ تو مگر کہنے دو: دل درد مند کی صداقتوں کا آئینہ — محمد اعظم شاہد 96

(۱۵) سائبر دور میں حیدرآباد کے روزنامے — ڈاکٹر محمد اسلم فاروقی 101

تعارف

صحافت ایک معنوں میں تاریخ بھی مرتب کرتی ہے۔

دنیا بھر میں وقوع پذیر ہونے والے واقعات کی تاریخ، وقت و مقام کی تصدیق عموماً اخبارات کے حوالے سے جانچی جاتی ہے۔ انٹرنیٹ نے کسی قاری یا محقق کو مطلوبہ مواد کی تلاش میں جہاں آسانی بہم پہنچائی ہے وہیں تحقیق و تفتیش کی اہم و نازک ذمہ داری بھی صحافت پر عائد کی ہے۔ یہی وجہ ہے کہ ایک سنجیدہ، بردبار، غیر جانبدار اور انصاف پسند صحافی سے امید رکھی جاتی ہے کہ وہ کاہلی، لاپروائی یا حد سے زیادہ جذباتیت سے مکمل گریز کرتے ہوئے خبر دے یا اس کا معروضی جائزہ پیش کرے۔ ورنہ عوام میں صحافت کے معیار اور اعتماد کو کھونے کا خدشہ دامن گیر رہے گا۔

ہر دور کی تاریخ کو، ہر زبان کے موضوعاتی میدان کے ماہرین کے نقاط نظر کے ذریعے کاغذی اور ڈیجیٹل طریقے سے محفوظ کیا جانا چاہیے تاکہ مستقبل کے محققین کو منصفانہ تحقیق میں آسانی ہو۔ انٹرنیٹ اور ویب سائٹس کی افادیت کے باوجود اس بات کا انکار نہیں کیا جا سکتا کہ کاغذی کتاب اور کتب خانے کی اہمیت ہر دور میں رہی ہے اور رہے گی بھی۔ یہی سبب ہے کہ طباعتی ادارہ 'تعمیر پبلی کیشنز' کی جانب سے آن لائن پورٹل 'تعمیر نیوز' پر شائع شدہ مختلف موضوعات کی منتخب تحریروں کو کتابی شکل میں طبع کرنے اور قومی و بین الاقوامی کتب خانوں میں ان کتب کو شامل کروانے کے عملی منصوبے کا آغاز کیا گیا ہے۔

صحافتی موضوعات کے کچھ منتخب مضامین پر مبنی کتب سیریز کی یہ پہلی کتاب "اردو صحافت: کچھ جائزے" قارئین کی خدمت میں پیش ہے۔

(۱) ہندوستان میں اردو صحافت کی ابتداء
ڈاکٹر محمد افضل الدین اقبال

مغلیہ عہد میں فارسی ہندوستان کی سرکاری زبان تھی۔ اٹھارویں اور انیسویں صدی میں بھی فارسی زبان علمی اور ادبی حلقوں میں بولی اور سمجھی جاتی تھی۔ جب ایسٹ انڈیا کمپنی کو اس بر عظیم کے وسیع خطوں میں عمل دخل حاصل ہوا تو اس نے اپنے "استحکام اور دوام" کے لئے ثقافت کے پرانے نشان آہستہ آہستہ نیست و نابود کرنے شروع کئے ۱۸۳۰ء میں ایسٹ انڈیا کمپنی نے فارسی کی بجائے اردو کو سرکاری زبان قرار دیا۔ اس انقلابی قدم سے اگرچہ اردو کو بے حد ترقی ہوئی لیکن ایسٹ انڈیا کمپنی کو اردو سے کوئی عشق نہ تھا اس نے اردو کی حوصلہ افزائی صرف اس لئے کی کہ اس سے سامراجی مفاد کو تقویت حاصل ہوتی تھی۔

۱۸۳۵ء میں گورنر جنرل ہندوستان سر چارلس مٹکاف نے اخبارات کو مختلف پابندیوں سے آزاد کر دیا جس کا نتیجہ یہ ہوا کہ دیسی زبانوں میں کئی اخبار نکل آئے اور ان زبانوں میں اردو زبان سر فہرست تھی کیونکہ اسے سرکاری زبان کی حیثیت حاصل تھی۔ ۱۸۳۷ء میں لیتھو گرافی یعنی پتھر کی سستی چھپائی کا رواج شروع ہوا۔ اس طرح کتابت کے ذریعے سے بہت سی نقلیں چھاپنے کا ارزاں ذریعہ ہاتھ آگیا۔ خود جرمنی میں یہ فن اٹھارویں صدی کے خاتمے کے قریب ایجاد ہوا تھا اور ہندوستان میں چالیس سال کے اندر ہی اردو طباعت میں اس کا رواج عام ہو گیا۔ اردو اور فارسی چھاپہ خانوں کی تعداد بڑھنے

لگی۔ علامہ عبداللہ یوسف علی کا بیان ہے کہ ہندوستان میں لیتھو گرافی کا پہلا مطبع ۱۸۳۸ء کے قریب دہلی میں قائم ہوا پھر لکھنو نے بھی بہت جلد اس کی تقلید کی۔

یہ بات اہم ہے کہ مدراس میں لیتھو گرافی کا مطبع دہلی اور لکھنو سے پہلے قائم ہوا۔ "مدراس کے چھاپہ خانے" سے ۱۸۳۶ء میں اردو کی پہلی داستان الف لیلیٰ،" حکایات الجلیلہ" کے نام سے فورٹ سینٹ جارج کالج کے طلباء کے لئے شائع ہوئی تھی۔ اس ضخیم کتاب کا مطبوعہ نسخہ راقم الحروف کے پاس بھی موجود ہے۔ اس سے معلوم ہوتا ہے کہ ۱۸۳۶ء سے پہلے ہی مدراس میں لیتھو گرافی کا مطبع قائم ہو چکا تھا۔ پرولکر نے اپنی تحقیقی کتاب "پرنٹنگ پریس ان انڈیا" میں جس کا اردو ترجمہ "ہندوستان میں چھاپہ خانہ" کے زیر عنوان ابھی حال میں ترقی اردو بورڈ نئی دہلی کی جانب سے شائع ہوا ہے، اس کتاب میں مصنف نے لکھا ہے کہ ۱۸۶۳ء سے پیشتر ہی مدراس میں ایک درجن سے زیادہ چھاپہ خانہ قائم ہو چکے تھے اور جن کے مالک مقامی ہندوستانی باشندے تھے۔ ان چھاپہ خانوں کا تذکرہ آئندہ صفحات میں کیا گیا ہے۔

غرض لیتھو گرافی کے پریس قائم ہو جانے سے اخبارات ، رسالے ، سرکاری اطلاعات مجالس قانون ساز کے قوانین کا اردو ترجمہ اور اس کے علاوہ اہم ادبی کتابیں چھپنے لگیں ایک طرف تو طباعت کی سہولتوں میں اضافہ ہونے سے تعلیم کی اشاعت میں مدد ملی اور دوسری جانب تعلیم کے منظم ہو جانے سے طباعت کی مانگ بڑھ گئی۔ اس طرح اردو زبان کی ترقی اخبار نویس کی توسیع میں ممد و معاون ثابت ہوئی۔ اردو صحافت کی ترقی میں ایک اور بڑا عنصر یہ تھا کہ ایسٹ انڈیا کمپنی مغربی علوم کی نشر واشاعت چاہتی تھی اور اس کے لئے اس نے صحافت کا سہارا لیا اور بعض اخباروں کی مالی سرپرستی شروع کی۔ اس کی صورت یہ تھی کہ حکومت بعض اخباروں کی ایک خاص تعداد افسروں اور اسکولوں و

کالجوں کے لئے خرید لیتی تھی اس طرح بعض اخباروں کو معاشی سہارا مل گیا اور وہ ترقی کرنے لگے۔

اردو اخباروں کے متعلق جو منتشر اور محدود مواد اب تک سامنے آیا ہے اس کی روشنی میں محققین کا بیان ہے کہ اردو کا پہلا اخبار "جامِ جہاں نما" کلکتہ تھا، چنانچہ عتیق صدیقی صاحب اپنی کتاب "ہندوستانی اخبار نویسی" میں لکھتے ہیں کہ "جام جہاں نما" اردو کا پہلا اخبار تھا جس کا پہلی بار ۱۸۲۲ء میں اور دوسری بار ۱۸۲۳ء میں اجرا ہوا تھا۔

ڈاکٹر عبد السلام خورشید نے بھی "صحافت پاکستان وہند میں" جام جہاں نما ہی کو اردو کا پہلا اخبار قرار دیا ہے اور بتایا ہے کہ اس اخبار کا پہلا شمارہ بدھ کے دن ۲۷/ مارچ کو شائع ہوا تھا، چند ہفتے کے بعد جب ناشرین نے محسوس کیا کہ اردو اخبار کی مانگ بہت کم ہے تو انہوں نے اسے فارسی زبان میں شائع کرنا شروع کیا جون ۱۸۲۲ء کے اواخر تک "جام جہاں نما" کی زبان فارسی ہو چکی تھی۔ ایک سال بعد "جام جہاں نما" نے پھر اردو کی طرف رجوع کیا، چنانچہ فارسی اخبار کو برقرار رکھتے ہوئے "جام جہاں نما" کا اردو ضمیمہ شائع ہونے لگا۔ اس اردو ضمیمے کے صفحہ اول پر پیشانی کی دونوں جانب ایسٹ انڈیا کمپنی کی مہر ثبت ہوتی تھی جس سے ظاہر ہوتا ہے کہ اس اخبار کو حکومت کی باقاعدہ سرپرستی حاصل تھی۔ منشی سدا سکھ اخبار کے ایڈیٹر تھے اور چھاپنے کی ذمہ دار کلکتہ کی ولیم پیٹرس کاپ کنس اینڈ کمپنی تھی۔

"جام جہاں نما" کلکتہ کے اجرا (۱۸۲۲ء) کے بعد کم و بیش بارہ سال تک کسی اردو اخبار کا پتہ نہیں چلتا۔ ۱۸۳۴ء میں بمبئی کے فارسی اخبار "آئینہ سکندر" نے اردو ضمیمہ شائع کرنا شروع کیا اس اخبار کا ایک فائل مولوی نصیر الدین ہاشمی مرحوم کی نظر سے گزرا تھا ان کا بیان ہے: "آئینہ سکندر اگرچہ فارسی اخبار تھا مگر ۱۸۳۴ء میں اس کا ضمیمہ اردو میں

شائع ہونے لگا۔ یہ اخبار ۱۲x۱۸ سائز کے بارہ صفحات پر ہر جمعرات کو بمبئی سے شائع ہوتا تھااس کے ایڈیٹر فضل حق صاحب تھے اور مسٹر راس کے پریس میں طبع ہوا کرتا تھا۔

۱۸۳۶ء میں شاہ جہاں آباد دہلی سے "دہلی اردو اخبار" کا اجرا عمل میں آیا۔ اس کے ایڈٹر شمس العلماء مولانا محمد حسین آزاد کے والد مولوی محمد باقر تھے۔ یہ ایک ہفت روزہ اخبار تھا۔ ڈاکٹر عبد السلام خورشید لکھتے ہیں کہ: اس اخبار میں برعظیم کے گوشہ گوشہ سے خبریں اکٹھی کر کے چھاپی جاتی تھیں۔ مختلف درباروں، ریاستوں اور شہروں سے آنے والے اخبارات کے اقتباس بالالتزام شائع ہوتے تھے۔ یہ اخبار تعلیمی اداروں کی خبریں بطور خاص شائع کرتا تھا۔ اس میں ادبی مضامین کے علاوہ ذوق، غالب اور مومن وغیرہ کی غزلیات بھی چھپتی تھیں۔ دہلی کے آخری مغل تاجدار بہادر شاہ ظفر اور ملکہ نواب زینت محل کا کلام بھی شائع ہوتا تھا۔ دہلی اردو اخبار ۱۸۵۷ء میں بند ہو گیا۔ اس کے ایڈیٹر مولوی محمد باقر مجاہد آزادی گولی سے اڑادئے گئے اور صحافتی تاریخ میں زندہ جاوید ہو گئے۔

۱۸۳۷ء میں دہلی ہی سے "سید الاخبار" اور مرزاپور سے عیسائی مشنری سوسائٹی کی جانب سے "خیر خواہ ہند" کا اجرا عمل میں آیا۔

سید الاخبار

سر سید احمد خاں کے بھائی سید محمد خان نے ۱۸۳۷ء میں دہلی سے "سید الاخبار" جاری کیا تھا۔ یہ ایک ہفت روزہ اخبار تھا۔ "صحافت پاکستان وہند میں "ڈاکٹر عبد السلام خورشید لکھتے ہیں کہ اس اخبار میں ایسے مضامین خاص اہتمام سے شائع ہوتے تھے جن میں قانونی مسائل پر روشنی ڈالی جاتی تھی اسی وجہ سے یہ اخبار وکیلوں میں ہر دلعزیز تھا۔ ۱۸۴۶ء میں سید محمد خان کی وفات کے بعد سر سید احمد خان نے اس اخبار کو ترقی دینی چاہی یہ اخبار غالباً ۱۸۵۰ء میں بند ہو گیا۔

خیر خواہ ہند

یہ اردو کا پہلا رسالہ تھا اور ۱۸۳۷ء میں مرزا پور سے پادری آر۔ سی۔ ماتھر کی ادارت میں نکلا تھا اس میں فارسی اور رومن رسم الخط میں مضامین چھاپے جاتے تھے لیکن زبان اردو ہوتی تھی، چند سال بعد یہ رسالہ بند ہو گیا۔ اور ۱۸۶۱ء میں اس کا احیاء ہوا۔ اور یہ ناگری ہند اور فارسی رسم الخط میں شائع ہونے لگا۔ اردو خیر خواہ ہند کی ۵۰۔۱۸۴۹ء کی فائلیں انڈیا آفس لائبریری لندن میں محفوظ ہیں۔ انڈیا آفس کی فہرست رسائل سے پتہ چلتا ہے کہ "خیر خواہ ہند" کے فارسی اور رومن رسم الخط کے رسالے الگ الگ شائع کئے جاتے تھے۔

۱۸۴۱ء میں مدراس سے ایک اردو ہفتہ وار اخبار "جامع الاخبار" کا اجرا ہوا۔ اس طرح ان اخباروں کے اجراء کے بعد ہندوستان کے گوشے گوشے سے اردو اخبارات جاری ہوئے۔

ہندوستان کے مختلف شہروں میں اردو صحافت کی ابتداء

شمالی اور مغربی ہند میں اردو اخباروں اور چھاپے خانوں کی کثرت کا دور ۱۸۴۵ء کے بعد شروع ہوتا ہے، چنانچہ ذیل میں دہلی، آگرہ، بنارس، لکھنو، لاہور، سیالکوٹ، ملتان، بمبئی اور بنگلورو میسور کے اولین اردو اخباروں کا سنہ اشاعت درج کیا جاتا ہے۔ جس سے ہمارے بیان کی تصدیق ہو گی۔

دہلی

دہلی اردو اخبار ۱۸۳۶ء کے بعد اکتوبر ۱۸۴۳ء میں "مظہر حق" ۱۸۴۵ء میں "کریم الاخبار" کے علاوہ "صادق الاخبار" کے نام سے دو اخبار جنوری ۱۸۵۴ء اور جنوری ۱۸۵۶ء میں جاری ہوئے۔

آگرہ

۱۸۴۶ء میں "صدر الاخبار" ۱۸۴۷ء میں "اسعد الاخبار" ۱۸۴۸ء میں "معیار الشعراء" ۱۸۴۹ء میں "قطب الاخبار" اور "اخبار النواح" جاری ہوئے۔ جنوری ۱۸۵۶ء میں منشی نول کشور نے "سفیر آگرہ" جاری کیا۔

بنارس

اردو میں ۱۸۵۴ء میں بنارس گزٹ اور باغ و بہار ۱۸۴۹ء میں "مراۃ العلوم" اور ۱۸۵۲ء میں "آفتابِ ہند" جاری ہوئے۔

لکھنؤ

پہلا اردو اخبار "لکھنو اخبار" کے نام سے ۲۴؍ اپریل ۱۸۴۷ء کو جاری ہوا۔ اس کے علاوہ جولائی ۱۸۵۶ء میں "طلسم لکھنو" اور نومبر ۱۸۵۶ء میں "سحر سامری" کا لکھنو سے اجرا ہوا۔

لاہور

"کوہِ نور" پنجاب کا پہلا اردو اخبار تھا جس کا ۱۴؍ جنوری ۱۸۵۰ء کو لاہور سے اجرا ہوا۔ اس کے ایڈیٹر منشی ہر سکھ رائے تھے۔ اس اخبار نے غیر معمولی ترقی کی۔ لاہور ہی سے ۱۸۵۲ء میں چشمہ فیض اور ۱۸۵۳ء میں "ہمارے بے بہا" جاری ہوئے۔

سیالکوٹ

۱۸۵۳ء میں وکٹوریہ پیپر نکلا۔

ملتان

۱۸۵۲ء میں "ریاض نور" جاری ہوا۔

بمبئی

جنوری ۱۸۵۵ء میں "کشف الاخبار" کا اجرا ہوا۔ "بمبئی میں اردو" میں ڈاکٹر میمونہ دلوی لکھتی ہیں:

"بمبئی کا سب سے قدیم اردو اخبار جو دستیاب ہوا ہے وہ کشف الاخبار ہے۔ کتب خانہ مدرسہ محمدیہ اور کریمی لائبریری میں اس اخبار کی کئی جلدیں موجود ہیں۔ یہ اخبار جنوری ۱۸۵۵ء میں جاری ہوا۔"

بنگلور

بنگلور و میسور کے پہلے اخبار کے متعلق ڈاکٹر حبیب النساء "ریاست میسور میں اردو کی نشو ونما" میں لکھتی ہیں:

"۱۸۶۰ء میں اردو کا پہلا اخبار "قاسم الاخبار" اسی شہر کے افق صحافت پر نمودار ہوا۔"

محمد سعید عبد الخالق صاحب نے مقالہ "میسور میں اردو" میں "قاسم الاخبار" کے اجراء کی تاریخ ۱۸۶۵ء بتائی ہے۔ ڈاکٹر عبد السلام خورشید بھی "صحافت پاکستان و ہند میں" "قاسم الاخبار" کا اجرا ۱۸۶۵ء ہی بتاتے ہیں۔

حیدرآباد دکن

اردو صحافت کی ابتداء میں ایک طبی سہ ماہی رسالہ "طبابت" سے ہوئی۔ اسے حکومت حیدرآباد کے میڈیکل کالج کے مہتمم جارج اسمتھ نے ۱۲۷۵ھ م ۱۸۵۸ء میں جاری کیا۔ اس رسالے میں مریضوں پر عمل جراحی کرنے اور ان کے صحت یاب ہونے کی رپورٹیں اور مفید طبی معلومات شائع ہوتی تھیں۔ رسالہ طبابت کی اجرائی کے بعد علمی، ادبی اور معاشرتی رسائل و جرائد کا ایک طویل سلسلہ شروع ہوگیا۔ رسالوں کے قطع نظر اخباروں کا آغاز ہفتہ وار اخبارات سے ہوا۔ "دکن میں اردو" میں مولوی نصیر الدین ہاشمی

نے حیدر آباد دکن کا پہلا اردو ہفتہ وار اخبار "آصف الاخبار" کو قرار دیا ہے جو ۱۸۷۸ء میں جاری ہوا۔ اس کے ایڈیٹر نارائن راؤ تھے لیکن "صحافت پاکستان وہ ند میں " ڈاکٹر عبد السلام خورشید نے لکھا ہے کہ "خورشید دکن" حیدر آباد کا پہلا اخبار تھا جو ۱۸۷۷ء میں جاری ہوا اور ایک سال بعد بند ہو گیا۔ اس کے ایڈیٹر مرزا کاظم غازی تھے۔ حیدر آباد کا پہلا روزانہ اردو اخبار "ہزار داستان" ہے جو ۱۸۵۸ء میں جاری ہوا۔ مولوی محمد سلطان عاقل شاگردِ غالب اس کے ایڈیٹر تھے۔

اس طرح مندرجہ بالا اخباروں کے جائزہ سے معلوم ہوتا ہے کہ مدراس میں اردو صحافت کا آغاز آگرہ، بنارس، لکھنو، لاہور، سیالکوٹ، ملتان، بنگلور اور حیدر آباد وغیرہ سے بہت پہلے ہو چکا تھا۔

***

ماخوذ از کتاب: جنوبی ہند کی اردو صحافت (۱۸۵۷ء سے پیشتر) (اشاعت: ۱۹۸۱، حیدر آباد)۔

تصنیف: ڈاکٹر محمد افضل الدین اقبال

The Beginning of Urdu Journalism in India,

By: Dr. Mohd Afzaluddin Iqbal

(۲) اردو روزنامے : آغاز وارتقاء

ڈاکٹر سید فضل اللہ مکرم

صحافت، بنیادی طور پر فن ابلاغ ہے، یہ ابلاغ کا وہ مستند ذریعہ ہے جو عوام کو حالات اور واقعات کا شعور بخشتا ہے۔ چونکہ موجودہ دور ابلاغیات کا دور ہے۔ اسی لئے مختلف نظام ، نظریات اور اقوام ابلاغیات کے محاذوں پر ایک دوسرے کے خلاف برسرپیکار ہیں۔ اسلئے ہر ملک کے یہاں ابلاغیات کا ایک مضبوط اور وسیع نظام ہو، تاکہ عالمی گاؤں میں وہ خود کو تنہا نہ محسوس کرے۔

ہندوستان کا پہلا باعدہ اخبار ہکیز بنگال گزٹ یا کلکتہ جنرل اڈورٹائزر ۲۹ جنوری ۱۷۸۰ء کو کلکتہ سے جاری ہوا۔ جس کا ایڈیٹر اور مالک جیمس آگسٹس ہکّی تھا۔ یہ بھی حسین اتفاق ہے کہ اردو کا پہلا اخبار کلکتہ سے ہی ۲۷ مارچ ۱۸۲۲ء میں منشی سدا سکھ کی ادارت میں شائع ہوا۔ پھر اس کے بعد ملک کے مختلف علاقوں سے اخبارات جاری ہونے لگے۔

اخبار دراصل عربی زبان کا لفظ ہے، جو خبر کی جمع ہے۔ ابتداء میں لفظ قلمی خبر ناموں کیلئے استعمال ہوتا تھا جو ظہور اسلام سے قبل ایران کے شہنشاہوں کے دور میں رائج تھے۔ اخبار کے تحت روزنامے، سہ روزہ اور ہفت روزہ کا شمار ہوتا ہے۔ کچھ لوگ پندرہ روزہ کو بھی اخبار کہتے ہیں۔ روزنامے کیلئے یہ ضروری ہے کہ ہفتہ میں کم از کم پانچ شمارے جاری ہوں۔ سہ روزہ اخباروں کا چلن اب نہیں رہا بہت کم سہ روزہ شائع ہورہے ہیں جبکہ ہفت روزہ میں دلچسپی کا سامان ہوتا ہے۔

اردو میں روزناموں کی ابتداء "اردو گائیڈ" سے ہوتی ہے۔ یہ بھی عجیب اتفاق ہے

کہ اردو روزنامہ کا آغاز بھی شہر کلکتہ سے ہوا۔ یہ اخبار ۱۸۵۸ء کو مولوی کبیر الدین احمد بہادر نے جاری کیا تھا۔ اختر شہنشاہی کا بیان ہے کہ یہ دو ورق کلاں پر مشتمل ہوتا تھا اور ٹائپ میں طبع ہوتا تھا۔

"اردو گائیڈ" کے مہتمم عزیز الباری تھے اور یہ مطبع۔ مظہر العجائب میں چھپا کرتا تھا۔ کچھ محققین نے "اودھ اخبار" کو اردو کا پہلا روزنامہ بتایا ہے جو غلط ہے۔ گو کہ "اودھ اخبار" کو ۱۸۵۸ء میں لکھنو سے منشی نول کشور نے جاری کیا تھا مگر اس وقت یہ ہفت روزہ تھا جبکہ ۱۸۷۴ء میں یہ روزنامہ بنا۔ اس طرح سے "اودھ اخبار" اردو کا دوسرا روزنامہ قرار پاتا ہے۔ اس کے تقریباً ایک سال بعد یکم جنوری ۱۸۷۵ء کو اردو کا تیسرا روزنامہ "روزنامچہ پنجاب" لاہور سے جاری ہوا جس کے مالک خواجہ احمد حسن تھے۔ یہ لاہور کا پہلا اردو روزنامہ ہے۔ اس کے بعد لاہور سے ہی دوچار اخبارات جاری ہوئے جو بعد میں روزنامے میں تبدیل ہوگئے۔ ڈاکٹر عبدالسلام خورشید نے اپنی تصنیف صحافت پاکستان میں لکھتے ہیں کہ "۱۸۸۴ء میں منشی مہر بخش نے 'شفیق ہند' کے نام سے ایک ہفت روزہ جاری کیا اور یہی ہفت روزہ ایک "زنجیر" کی صورت اختیار کر لیا اور اس کے ساتھ 'شام وصال' اور 'نسیم صبح' کے نام سے دو روزنامے نکل آئے ان سب اخباروں کی ادارت مولوی سیف الحق ادیب دہلوی کے سپرد تھی۔ 'شام وصال' دو چھوٹے ورقوں پر مشتمل ہوتا تھا اور ہر روز شام کو نکلتا تھا۔ یہ اردو کا پہلا شامنامہ قرار پاتا ہے۔ ان ہی دنوں مولوی محرم علی چشتی نے "رفیق ہند" جاری کیا جو ہفتہ میں دوبار شائع ہوتا تھا۔ کچھ دنوں بعد یہ روزنامہ ہوا۔ چند ماہ بعد ایڈیٹر نے اعلان کیا کہ اگر خریداروں کی تعداد دوسو نہ ہوئی تو ہم روزآنہ اشاعت بند کرنے پر مجبور ہوجائیں گے۔ آخر کار ۳ جنوری ۱۸۸۵ء کو روزآنہ اشاعت بند ہوئی اور یہ ہفتہ میں تین بار نکلنے لگا اور کافی عرصہ تک جاری رہا۔

کلکتہ سے "اردو گائیڈ" کے بعد "آئینہ نمائش" ۵ اڈسمبر ۱۸۸۳ء کو جاری ہوا جس کے مالک مولوی غلام صمدانی تھے جو ایک بڑے ورق پر مشتمل ہوتا تھا اور اس کا چندہ ماہانہ ایک روپیہ دو آنے تھا۔ ۲۶ اپریل ۱۸۸۵ء کو کلکتہ سے ہی ایک اور روزنامہ "پیک صبا" جاری ہوا جس کے مالک عمر حمد ناخدا تھے اور ادارت سید عبدالرحیم کے سپرد تھی، اس کا ماہانہ چندہ چھ روپئے تھا۔

"قیصر الاخبار ہند" الہ آباد سے جاری ہونے والا روزنامہ ہے جسے سراج الدین احمد خان نے ۱۸۷۷ء میں جاری کیا جو اتوار کے سوا ہر روز مہیا تھا۔ الہ آباد سے ہی مولوی شیخ ریاض الدین احمد نے "روزنامچہ عالم" ۱۸۸۴ء میں جاری کیا جبکہ لکھنو میں اودھ اخبار کے بعد "روزنامچہ لکھنو" ۱۸۸۲ء کو جاری ہوا جس کے مدیر سید عبدالبصیر حضور بلگرامی تھے۔ لکھنو کا ایک اور روزنامہ "روزآنہ" تھا جو ۱۸۸۵ء میں جاری ہوا۔ روزآنہ کے مالک حاجی تیغ بہادر تھے اور ادارت منشی محمد علی خان عرشی کے ذمہ تھی۔ کچھ ہی دنوں قبل منشی کشن سروپ نے ۱۸۸۳ء میں بمبئی سے روزنامہ "خادم ہند" جاری کیا تھا۔

جنوبی ہند میں حیدرآباد اور مدراس اردو ادب کے بڑے مراکز تھے۔ خصوصاً حیدرآباد میں اردو شعر و داب کی سرپرستی کی جاتی رہی ہے۔ جنوبی ہندوستان میں بھی اردو صحافت ترقی پذیر رہی۔ مدراس کا پہلا روزنامہ "اتحاد" ہے جو ۱۸۸۴ء میں سہ روزہ کی حیثیت سے جاری ہوا اور ۱۸۸۵ء میں روزآنہ ہوا۔ روزنامہ "اتحاد" کو مدراس کے امراء و روساء کی سرپرستی حاصل تھی۔

حیدرآباد دکن سے کئی ایک اخبارات جاری ہوئے۔ "پیک آصفی" حیدرآباد دکن کا پہلا روزنامہ ہے جو جنوری ۱۸۸۴ء میں جاری ہوا۔ اس اخبار کے مالک مولوی سعید احمد زید بلگرامی تھے۔ جب کہ سید امجد علی اشہری کی ادارت میں ۱۸۸۸ء میں "سفیر دکن"

روزنامہ جاری ہوا لیکن انیسویں صدی کا اہم روزنامہ "مشیر دکن" ہے۔ ابتداء میں ہفت روزہ کی شکل میں ۱۸۸۷ء میں پنڈت کشن راؤ نے جاری کیا تھا۔ یہ دکن کا واحد اردو روزنامہ تھا جو بلالحاظ مذہب و ملت پڑھا جاتا تھا اور ملک و قوم کا ترجمان تصور کیا جاتا تھا۔ "مشیر دکن" کی انفرادیت یہ رہی تھی کہ اس میں طویل اداریوں کے بجائے مختصر ادارتی نوٹ شائع ہوا کرتے تھے۔

انیسویں صدی کے اختتام میں دو بڑے روزنامے ملتے ہیں جنہیں جدید صحافت کے علم بردار کہا جاتا ہے۔ "اخبار عام" اور "پیسہ اخبار" یہ دونوں اخبار ہفت روزہ کی صورت میں منظر عام پر آئے لیکن بعد میں روزنامہ میں تبدیل ہو گئے۔ "اخبار عام" کے مالک پنڈت قلندر رام اور مدیر پنڈت گوپی ناتھ تھے جب کہ "پیسہ اخبار" کی ملکیت اور ادارت منشی محبوب عالم کے سپرد تھی۔ ان دونوں اخباروں میں اشتہارات کی بہتات تھی اور دلچسپ بات یہ ہے کہ دونوں کی قیمت صرف ایک ایک پیسہ تھی۔

"اخبار عام" یکم جنوری ۱۸۷۱ء کو ہفت روزہ کی صورت میں جاری ہوا، پھر سہ روزہ ہو گیا اور انیسویں صدی کے آخر میں روزنامہ بن گیا۔ چند سال بعد سہ روزہ ہو گیا پھر ۱۹۲۰ء میں روزنامہ ہوا۔ پھر ایک سال بعد سہ روزہ میں تبدیل ہوا اور آخر کا ۱۹۳۰ء میں بند ہو گیا۔ اخبار عام، خبروں اور تبصروں کے لحاظ ہی سے نہیں بلکہ اس لحاظ سے بھی اردو صحافت کے جدید دور کا نقیب اول تھا کہ اس نے ایک پیسہ قیمت رکھ کر اور سادہ زبان استعمال کر کے اخبارات کو عوام تک پہنچانے کی کامیاب کوشش کی۔ منشی محبوب عالم نے "پیسہ اخبار" جاری کر کے "اخبار عام" کی چمک کو متاثر کرنے کی کوش کی تھی۔ گو کہ پیسہ اخبار ۱۸۸۷ء میں جاری ہوا لیکن صدی کے آخر میں روزنامہ بن گیا۔ اور اس کی ہر دلعزیزی اتنی بڑھی کہ "اخبار عام" بھی ماند پڑ گیا۔ ڈاکٹر عبدالسلام خورشید کا کہنا ہے کہ

پیسہ اخبار میں اخباریت غالب تھی۔ مضامین اور ادارے ان موضوعات پر لکھے جاتے تھے جن کا لوگوں کی روزمرہ زندگی کے مسائل سے تعلق تھا۔ پیسہ اخبار تجارتی اصولوں پر چلایا گیا۔ قیمت کم تھی اس لئے دیگر اخبارات سسک سسک کر مر گئے۔ لیکن یہ نصف صدی سے زیادہ عرصہ زندہ رہا۔

بیسویں صدر کا آغاز بڑا ہنگامہ خیز رہا۔ نئی جماعتیں بنیں ، نئی تحریکیں پروان چڑھیں، برعظیم کی سیاست اور رائے عامہ میں انقلابی تبدیلی واقع ہوئی اور ان کی کوکھ سے ایک نئی صحافت نے جنم لیا۔ پہلی جنگ عظیم نے عالمی سیاست پر بڑے پیمانے پر تبدیلیاں پیدا کیں۔ وہیں ہندوستانی سیاست نے بھی ایک نئی کروٹ لی۔ تحریک آزادی میں شدت پیدا ہو گئی۔ اردو صحافت کے اُفق پر مولانا محمد علی جوہر، مولانا ظفر علی خان، مولانا آزاد اور مولانا حسرت موہانی جیسے بے باک ادیب اور نڈر صحافی نمودار ہوئے۔ اس صدی کے آغاز میں صرف تین روزنامے تھے۔ "پیسہ اخبار ، اودھ اخبار اور صلح کل" تینوں نرم سیاست کے قائل تھے۔ ۱۹۰۲ء میں مولوی انشاء اللہ خان نے لاہور سے ہفت روزہ "وطن" جاری کیا جو سیاسی تقاضوں کو پورا کرنے لگا۔ ۱۹۱۵ء میں یہ روزنامہ ہوا لیکن ہم عصر اخباروں کے مقابلے میں ٹک نہ سکا۔

لالہ دیناناتھ نے آریہ سماج کو فروغ دینے میں نمایاں رول ادا کیا ہے۔ اس کے لئے انہوں نے کئی ایک اخبار کی ادارت سنبھالی۔ یہ ایک ہر دلعزیز صحافی تھے یہ جس اخبار سے بھی وابستہ ہوتے اس اخبار کی اشاعت بڑھ جاتی۔ ان کا اخبار "ہندوستان" کافی مشہور ہوا۔ پھر انہوں نے ہندوستان کا ایک روزآنہ ایڈیشن "دیپک" جاری کیا جس کی اشاعت بھی خاصی تھی۔ پھر انہوں نے ایک اور روزنامہ "دیش" جاری کیا جو کچھ دنوں تک جاری رہا۔

"زمیندار" کا تذکرہ کئے بغیر اردو روزناموں کی تاریخ ادھوری اور نامکمل رہے گی۔ گو کہ "زمیندار" ہفت روزہ کی شکل میں ۱۹۰۳ء میں مولوی سراج الدین نے جاری کیا لیکن ان کے انتقال کے بعد ان کے لائق سپوت ظفر علی خان "زمیندار" کی ذمہ داری اپنے کاندھوں پر لی۔ مولوی سراج الدین نے اپنے انتقال سے قبل اپنے بیٹے سے وصیت کی کہ "بیٹا! جو پودا میں نے اپنے خونِ جگر سے سینچا ہے وہ میرے بعد مرنے نہ پائے"۔ مولانا ظفر علی خان نے اپنے والد کے اثاثہ کو خوب سنبھال کر رکھا اور جب جنگ طرابلس کا آغاز ہوا تو ظفر علی خان نے "زمیندار" کو ہفت روزہ سے روزنامہ کر دیا۔

"زمیندار" اردو کا پہلا اخبار تھا جس نے رائیٹر اور اسوسی ایٹیڈ پریس آف انڈیا سے خبروں کے حصول کا اہتمام کیا کرتا تھا۔ دنیائے اسلام کی خبریں خصوصی طور پر شائع کی جاتی تھیں۔ مولانا کی روح پرور نظمیں، زبردست مقالات اور خبروں کی فراہمی کے اعلیٰ انتظام نے ہندوستان اور بالخصوص پنجاب کے عوام میں اخبار بینی کا ذوق پیدا کیا اور مسلمانوں کے اتحاد کا بھولا ہوا سبق یاد دلایا۔ "زمیندار" جیسی مقبولیت ہندوستان کے کسی بھی زبان کے اخبار کو نصیب نہ ہوئی تھی کیونکہ جب سرحدی علاقے میں "زمیندار" پہنچتا تو ان پڑھ لوگ ایک آنہ دے کر اخبار خریدتے اور ایک آنہ دے کر پڑھوا کر سنتے۔ ڈاکٹر عبدالسلام خورشید نے اپنی تصنیف "صحافت پاکستان وہند" کے ص ۳۵۸ پر لکھتے ہیں:

"۔۔۔ مولانا ظفر علی نے اردو صحافت میں ایک وجاہت پیدا کی اس کی نوک پلک درست کی، افتتاحیہ نگاری اور شذرہ نویسی میں ایک نئے اسلوب کی تخلیق کی، دلیل کے ساتھ ساتھ ادبی رنگ کے تبصرے کو رواج دیا، موضوعات میں تنوع پیدا کیا اور سیاسی شاعری اس گھن گرج سے شروع کی کہ لوگ یہی سمجھنے لگے کہ اس کا آغاز مولانا کے قلم سے ہوا۔ انہوں نے ادارتی صفحے کا نیا نقشہ مرتب کیا، اسے زیادہ دلچسپ بنایا اور اس طرح

زیادہ قارئین کو اپنی طرف متوجہ کیا اور سب سے بڑھ کر یہ کہ انہوں نے سچ مچ کا اخبار تیار کیا۔"

اردو میں روزنامہ صحافت کو آگے بڑھانے میں مولانا محمد علی جوہر کا بھی یادگار کردار رہا ہے۔ مولانا جوہر بھی حسرت موہانی اور ظفر علی خان جیسے گریجویٹ تھے۔ ان لوگوں نے صحافت کو ایک معزز پیشہ بنایا تھا۔ مولانا جوہر آکسفورڈ کے گریجویٹ تھے اردو اور انگریزی پر زبردست عبور رکھتے تھے۔ انہوں نے نہ صرف انگریزی ہفت روزہ "کامریڈ" جاری کیا بکہ اردو میں روزنامہ "ہمدرد" بھی نہایت شان و شوکت کے ساتھ ۱۹۱۳ء میں جاری کیا۔

"ہمدرد" ان دنوں منظر عام پر آیا جن دنوں ملک کے طول و عرض میں "زمیندار" کی حکمرانی تھی۔ اس کے باوجود ہمدرد، زمیندار سے بالکل مختلف تھا۔ اس نے سنجیدہ اور مدلل صحافت کا رُخ اپنایا۔ رائے عامہ کی عکاسی ہی نہیں بلکہ رہنمائی بھی کی۔ بلاشبہ "زمیندار" نے پاپولر جرنلزم (عوامی صحافت) کو فروغ دیا تو 'ہمدرد' نے کوالیٹی جرنلزم (معیاری صحافت) کو رائج کیا۔ ان دونوں روزناموں نے اس دور کے قارئین کی ضرورتوں کو پورا کیا۔ میندار میں نیاز فتح پوری، مولانا عبد اللہ، منشی وجاہت حسین، وحید الدین سلیم پانی پتی، عبد المجید سالک اور غلام رسول مہر جیسی شخصیتوں نے کام کیا جب کہ "ہمدرد" میں سید ہاشمی فرید آبادی، قاضی عبد الغفار، سید جالب دھلوی، عبد الحلیم شرر اور میر محفوظ علی جیسے ادیب اور صحافی موجود تھے۔ بہر حال "زمیندار" اور "ہمدرد" نے اردو میں روزناموں کی ایک نئی تاریخ کو رقم کیا ہے۔ اس لئے جلیان والا باغ کا قاتل گورنر پنجاب مائیکل ایڈوائیر نے کہا تھا کہ ظفر علی خان اور محمد علی جوہر ماں کے پیٹ سے بغاوت کا قلم لیکر نکلے ہیں۔ انگریز دشمنی ان کی فطرت میں شامل ہے۔ کوئی عام منصوبہ شروع

کرنے سے پہلے ان کو گرفتار کرنا ضروری ہے۔

یہ کہنا بجا ہوگا کہ بیسویں صدی اردو میں روزناموں کی صدی ہے۔ ملک کے مختلف علاقوں سے اردو روزنامے جاری ہونے لگے۔ مولوی انشاء اللہ خان نے لاہور سے ہفت روزہ ۱۹۰۲ء میں جاری کیا جو ۱۹۱۵ء میں روزنامہ ہوا لیکن ہم عصر روزناموں میں یہ زیادہ دن نہیں چل سکا۔ مولانا سید حبیب نے ۱۹۱۹ء میں لاہور سے ہی روزنامہ "سیاست" جاری کیا۔ قومی تحریکوں میں حصہ لینے کی وجہ سے یہ روزنامہ چل پڑا۔ ان دنوں میں اردو صحافت دو بڑے گروہ میں بٹ گئی۔ ایک گروپ ان اخباروں کا تھا جن کے مالک اور ایڈیٹر مسلمان تھے اور وہ ہر سطح پر مسلمانوں کی حمایت کرتے تھے۔ دوسرا گروپ ان کے لیے مخصوص تھا جن اخباروں کے مالک یا ایڈیٹر ہندو تھے اور یہ اپنے اخبار میں مسلمانوں کے نظریات اور مطالبات کا زبردست مضحکہ اُڑایا کرتے تھے۔ مسلمانوں میں علحدگی کی سیاست کو پروان چڑھانے میں ان ہندو صحافیوں کا زبردست رول رہا ہے۔ اس ضمن میں مولانا سالکؔ نے یہاں تک لکھا کہ " بندے ماترم کے سوا باقی تمام ہندو روزنامے پرلے درجے کے زہریلے فرقہ پرست تھے اور ہر روز مسلمانوں کے خلاف زہر اگلتے تھے۔۔۔

" اگر کوئی مجھ سے پوچھے کہ پاکستان کے قیام کی بنیاد کب رکھی گئی تو میں بلا خوف تردد کہوں گا جس دن ملاپ اور پرتاپ لاہور سے جاری ہوئے کیونکہ یہی دو پرچے تھے جنہوں نے سب سے پہلے دو قومی نظریہ کو عملاً پیش کیا۔۔۔"

(مشمولہ صحافت پاکستان وہند ص ۴۳۵)

مہاشہ کرشن نے ۱۹۱۹ء میں روزنامہ "پرتاپ" جاری کیا جو آج بھی جاری ہے۔ یہ روزنامہ سیاسی طور پر انگریز دشمن تھا لیکن مذہبی طور پر آریہ سماج کا ترجمان تھا۔ انہوں نے اداریہ نگاری میں کمال پیدا کیا۔ ان کے خیالات اختلاف ممکن ہے لیکن ان کی طرز

نگارش اور طرزِ استدلال سے انکار ناممکن ہے۔ مہاشہ خوشحال چند بھی آریہ سماج کے کارکن تھے۔ انہوں نے ۱۹۲۳ء میں لاہور سے روزنامہ "ملاپ" جاری کیا جو تقسیم ہند کے بعد دلی منتقل ہوا۔ اس وقت دلی کے علاوہ جالندھر اور حیدرآباد سے ہندی میں شائع ہوتا ہے۔ لالہ لاجپت رائے نے ۱۹۲۰ء میں ہی لاہور سے روزنامہ "بندے ماترم" جاری کیا۔

"زمیندار" کے بند ہونے کے بعد مولانا عبدالمجید سالک اور مولانا غلام رسول مہر نے ایک روزنامہ "انقلاب" جاری کیا۔ اداریہ نگاری کے معاملے میں "انقلاب" نے اداریہ نگاری کے فن کو خوب نکھارا۔ مولانا مہر کا اسلوب نگارش داد کے قابل ہے۔ اس کے علاوہ "افکار و حوادث" کے نام سے مزاحیہ کالم نے انقلاب کو خوب شہرت عطا کی۔ مولانا مکیش نے ۱۹۳۴ء میں ایک روزنامہ "احسان" جاری کیا جسے علامہ اقبال کی سرپرستی حاصل تھی۔ یہ اردو کا پہلا اخبار تھا جس نے اپنے دفتر میں ٹیلی پرنٹر نصب کیا تھا۔ عبدالرزاق ملیح آبادی نے کلکتہ روزنامہ "ہند" جاری کیا جس کا نام بعد میں "ہند جدید" پھر "روزآنہ ہند" ہوا۔ "آزاد ہند" کلکتہ کا آج بھی مشہور روزنامہ ہے۔ ان ہی دنوں مختلف شہروں سے کئی روزنامے شائع ہوئے۔ جن میں شہباز، پربھات، اجیت، ملت قابل ذکر ہیں لیکن پنڈت نہرو کا جاری کردہ روزنامہ "قومی آواز" نے اپنی الگ پہچان بنائی۔ قومی آواز کے ایڈیٹر حیات اللہ انصاری تھے۔ یہ اخبار لکھنو، دلی اور پٹنہ سے بیک وقت شائع ہونے لگا۔ اس کے علاوہ ۱۹۳۴ء سے لاہور سے جاری ہونے والا روزنامہ "نوائے وقت" اپنے دور کا مشہور روزنامہ ہے جس کے ایڈیٹر حمید نظامی تھے۔

حیدرآباد دکن اردو صحافت کے معاملے میں کافی زرخیز ثابت ہوا ہے۔ ۱۹۲۰ء میں "رہبر دکن" جاری ہوا۔ جو پولیس ایکشن (۱۹۴۸) کے بعد "رہنمائے دکن" کے نام سے ۱۹۴۹ء میں جاری ہوا۔ سید لطیف الدین قادری کی ادارت میں اس اخبار کو کافی شہرت ملی

تھی۔ ان کے انتقال کے بعد سید وقار الدین اس کے ایڈیٹر ہیں۔ آج بھی یہ اخبار پابندی سے شائع ہوتا ہے۔ ۱۹۳۵ء میں قاضی عبدالغفار نے روزنامہ "پیام" حیدرآباد سے ہی جاری کیا۔ لیکن یہاں کا مشہور روزنامہ "سیاست" ہے جو ۱۹۴۹ء میں عابد علی خان کی ادارت میں جاری ہوا۔ محبوب حسین جگرؔ اس کے جوائنٹ ایڈیٹر تھے۔ یہ اخبار آج بھی پورے شباب پر ہے۔ یہ اخبار دکن میں اور خلیجی ممالک میں بہت زیادہ پڑھا جاتا ہے۔ اس کے علاوہ روزنامہ ملاپ اور نوید دکن بھی کچھ نہ کچھ شہرت حاصل کی ہے۔ "پیاز کے چھلکے" ملاپ کا مشہور کالم تھا۔

آزاد ہندوستان کے بعد اردو صحافت نے تکنیکی اور فنی طور پر خوب ترقی کی۔ پنجاب کا "ہند سماچار" اردو کا سب سے زیادہ شائع ہونے والا روزنامہ بن گیا تھا۔ بمبئی کا "انقلاب" اور "اردو ٹائمز" نے بھی اپنے قارئین کو باشعور بنانے میں کوئی کسر نہیں چھوڑی۔ مدراس کا "مسلمان"، بنگلور کا "سالار" کلکتہ کا "آزاد ہند" دلی اور پٹنہ کا "قومی آواز" نے اردو صحافت کے فروغ میں نمایاں رول انجام دیا۔ حیدرآباد سے ۱۹۷۹ء میں جاری ہونے والا روزنامہ "منصف" محمود انصاری کی ادارت میں جاری ہوا لیکن گذشتہ ایک دہے سے مشہور این آر آئی خان لطیف خان نے اس اخبار کو اپنی سرپرستی میں لے لیا اور اردو صحافت کو چار چاند لگ گئے۔ آج روزنامہ "منصف" ایک رنگین مصور روزنامہ ہے جس کی کمپوزنگ اور طباعت کسی بھی زبان کے بڑے اخبار کے معیار کی ہے۔ روزنامہ "منصف" نے اردو صحافت اور اردو صحافی کو ایک ممتاز مقام عطا کیا۔ روزآنہ یہ تقریباً سولہ صفحات پر شائع ہوتا ہے۔ روزآنہ کے خصوصی ایڈیشن لاجواب ہیں تبھی تو آج یہ ہندوستان کا سب سے بڑا اردو روزنامہ بن گیا ہے، لیکن ہندوستان کے کسی اور روزنامے کی اشاعت ایک لاکھ تک نہیں پہنچ پائی ہے۔

حیدرآباد سے کئی ایک روزنامے شائع ہوتے ہیں لیکن عوام کے مطالعے میں تین چار بڑے اخبار ہی ہیں۔ گذشتہ دنوں مجلس اتحاد المسلمین نے اپنا ایک ترجمان روزنامہ "اعتماد" جاری کیا ہے۔ یہ بھی رنگین اور مصور روزنامہ ہے۔ "اعتماد" کی نہایت نفیس طباعت، قارئین کا دل موہ لیتی ہے۔ اس میں کوئی شبہ نہیں کہ سارے ہندوستان میں اردو کے بہترین روزنامے حیدرآباد (دکن) سے ہی شائع ہوتے ہیں۔ روزنامہ سیاست، منصف، رہنمائے دکن اور اعتماد اور راشٹریہ سہارا خلیجی ممالک میں بھی بڑے شوق سے پڑھے جاتے ہیں۔ راشٹریہ سہارا اردو کا واحد روزنامہ ہے جو دیش کے مختلف شہروں سے بیک وقت شائع ہوتا ہے۔

آج اردو روزنامے صرف خبر پہنچانے کا ہی ذریعہ نہیں ہے بلکہ بہتر سماج کی تعمیر و تشکیل اور عوام کی رہنمائی میں بھی آگے آگے ہیں۔ آج ہندوستان سے مختلف زبانوں میں تقریباً پچاس ہزار سے زائد اخبار و رسائل جاری ہوتے ہیں۔ ان میں اردو اخبار و رسائل کی تعداد صرف تین ہزار ہے۔ ہندی، انگریزی اور مرہٹی کے بعد اردو ہی ایسی زبان ہے جس میں کثیر تعداد میں اخبار و رسائل شائع ہوتے ہیں۔ ان میں پانچ سو سے زائد روزنامے ہیں، ان میں صرف ایک دو روزنامے ہی ایسے ہیں جن کی تعداد اشاعت لگ بھگ پچاس ہزار کے قریب ہے۔

ہندوستان کے دس بڑے اخباروں میں ایک بھی اردو کا روزنامہ نہیں ہے۔ علاقائی زبانوں کے روزنامے جیسے ملیالم، گجراتی، تلگو اور بنگالی کے روزنامے لگ بھگ دس، دس لاکھ کی تعداد میں شائع ہوتے ہیں۔ انگریزی کا مشہور روزنامہ "ٹائمز آف انڈیا" ہندوستان کا سب سے بڑا روزنامہ ہے۔ جس کی تعداد اشاعت ۲۵ لاکھ ہے۔ اگر اردو عوام بھی روزنامے خرید کر پڑھنے کے عادی ہو جائیں تو کوئی عجب نہیں کہ اردو کے ایک دو

روزنامے ہندوستان کے دس بڑے روزناموں میں اپنی جگہ بنا سکیں۔

* * *

The beginning and evolution of urdu dailies.

By: Dr. Fazlullah Mukarram

(۳) صحافت میں فیچر نگاری

عابد صدیقی

اخبارات میں ہر روز شائع ہونے والی بے شمار خبروں کے ذریعہ گردوپیش کے حالات اور دنیا میں شب و روز ہونے والے بے شمار واقعات سے واقفیت حاصل ہوتی ہے لیکن اخبار میں شائع شدہ ہر واقعہ نیوز کہلاتا اور نہ ہی یہ قاری کے لئے دلچسپی کا سامان فراہم کرتا ہے۔ اخبارات کی خبریں جو ندرت، سنسنی اور نئے نئے واقعات پر مشتمل ہوتی ہیں وہ قاری کی توجہ کو اپنی طرف مبذول کرتے ہوئے ایک اچھا تاثر بھی دیتی ہیں۔ اس کی مثال اس واقعہ سے دی جاسکتی ہے کہ کسی اخبار کے ایڈیٹر نے اپنے نئے تقرر شدہ رپورٹر کو ہدایت کی کہ وہ اس دن ریاست کے کسی وزیر کے لڑکے کی منعقد شدنی شادی کی پوری رپورٹ مرتب کرکے لائے چنانچہ جب رپورٹر دو گھنٹہ بعد واپس ہوا اور ایڈیٹر نے اس سے رپورٹ طلب کی تو اس نے کہا کہ وہ کیا رپورٹ مرتب کرتا جب کہ وہاں شادی ہی اچانک منسوخ کردی گئی۔ ایڈیٹر نے نادان رپورٹر سے کہا کہ شادی کا ہونا اخبار کے قاری کی دلچسپی کے لئے اس قدر اہمیت کا حامل نہیں جتنا کہ اس کی منسوخی دلچسپی کا باعث ہوگی۔ اس واقعہ سے اندازہ کیا جاسکتا ہے کہ خبر کا حقیقی مفہوم کیا ہے، ہر نئی انوکھی اور غیر معمولی بات ہی در حقیقت نیوز کہلاتی ہے۔ خبروں سے ہم واقعات سے باخبر ہوتے ہیں لیکن ان کے محرکات عوامل اور امکانی نتائج معلوم کرنے کے لئے فیچرس کی اہمیت و افادیت سے انکار نہیں کیا جاسکتا کہا جاتا ہے کہ خبر کی انتہا فیچر کا نقطہ آغاز ہے۔ فیچرس کسی بھی نیوز

کو نہ صرف حرکت وحیات دیتے ہیں بلکہ اس کی مختلف طرح سے تعبیر و تشریح میں ممد و معاون ثابت ہوتے ہیں۔ فیچرس حقیقت پسندی، انسانی دلچسپی اور حالات کے صحیح تجزیہ پر مشتمل ہوتے ہیں۔

فیچر نگاری کا آغاز در حقیقت دوسری جنگ عظیم کے بعد ہوا ہمارے ملک میں آزادی کے بعد فیچر کا رجحان مفقود تھا۔ لیکن بعد میں ایسی بات کو شدت سے محسوس کیا گیا کہ صرف نیوز سے پورے طور پر معلومات نہیں ہوتے پھر ان کی تفصیل، توضیح اور تحقیق بھی منظر عام پر نہیں آتی۔ فیچر مضامین نے اسی ضرورت کی تکمیل کی ہے فیچرس نہ صرف واقعات اور حالات سے قاری کو باخبر رکھتے ہیں بلکہ ذہنی تربیت، رہنمائی اور تفریح طبع کے سامان بھی فراہم کرتے ہیں۔ ان میں حقائق کو تفصیلی طور پر پیش کر کے واقعات کے پس منظر میں ان کے عواقب و نتائج کی نشاندہی کی جاتی ہے۔ فیچرس میں معلومات کو اس ڈھنگ سے پیش کیا جاتا ہے کہ وہ قاری کے ذہن کو متاثر کر سکیں۔ اخباری رپورٹر جو کچھ دیکھتا ہے وہ بیان کرتا ہے۔ لیکن ایک فیچر نگار نہ صرف واقعہ کی تصویر پیش کرتا ہے بلکہ پورے حالات کا مبصرانہ و ناقدانہ جائزہ لیتا ہے۔ فیچر کو ادب اور صحافت کے درمیان رابطہ کا ذریعہ قرار دیا جاتا ہے۔ کئی فیچرس ادب کے زمرہ میں شامل کئے جا سکتے ہیں۔ فیچرس میں اسلوب، مواد، طرز بیان کو نمایاں اہمیت حاصل ہے۔ عام طور پر نیوز میں اسلوب اور طرز بیان کو اتنی اہمیت حاصل نہیں ہوتی لیکن فیچر نگاری میں ادبی خصوصیات بھی اہمیت کی حامل ہیں۔ بیشتر امور میں فیچر نگاری مضمون نگاری سے مماثلت رکھتی ہے۔ خبروں کی ترتیب اور ان کے اہتمام میں عام طور پر عجلت کی جاتی ہے تاکہ وقت مقررہ پر کسی بھی واقعہ کی حقیقی معلومات بہم پہنچائی جا سکیں لیکن فیچرس میں کوئی مقررہ وقت نہیں ہوتا۔ اور فیچر نگار بڑے اطمینان کے ساتھ پورے واقعات کو تفصیلی تحقیق اور تجزیہ کے ساتھ

پیش کرتا ہے۔

فیچر نگاری کئی اعتبار سے نمایاں خصوصیات رکھتی ہیں۔ آج کل صحافت میں اس رجحان کو تقویت پیدا ہوگئی ہے کہ صرف خبروں کی سربراہی ہی اخبار کا کام نہیں ہے بلکہ خیالات و افکار کو پیش کرنا بھی نہایت ضروری ہے، فیچر نگاری میں نیوز سے زیادہ واقعات کی توضیح و تشریح کو اہمیت حاصل ہے۔ ایک فیچر نگار کے لئے ضروری ہے کہ اس میں تجسس و تحقیق کی صلاحیت ہو اور وہ اسے دوسروں تک پیش کرنے کا فن جانتا ہو۔ فیچر نگار کو یہ بھی محسوس کرنا چاہئے کہ وہ جن موضوعات پر بھی لکھ رہا ہو، ان سے قارئین کو دلچسپی ہونا لازمی ہے۔ ایسے فیچرس جن میں معلومات کے علاوہ عام انسانی دلچسپیوں کے سامان فراہم نہیں کئے جاتے۔ وہ کامیاب فیچرس نہیں کہلاتے۔ فیچر نگاری میں ضروری ہے کہ فیچر نگار پورے اعتماد اور جوش و خروش کے ساتھ اپنی تحریر میں زندگی کی آب و تاب پیدا کرے۔ اور قاری کے ذہن کو اپنی تحریر کا اسیر بنالے۔ فیچر نگار کا مشاہدہ تیز، فکر و نظر وسیع اور زبان و بیان پر کامل عبور ناگزیر ہے۔ حقائق کو پیش کرتے ہوئے فیچر نگاری میں اکتاہٹ کا احساس نہیں ہونا چاہئے۔ تحریر میں یکسانیت اور حد درجہ سادگی کی بجائے ادبی چاشنی کا بھی ہونا ضروری ہے فیچرس میں واضح خیالات، برجستہ تحریر مناسب و موزوں الفاظ کا استعمال موثر، تحریر عام فہم انداز اور سادہ سلیس زبان کا استعمال ضروری ہے۔ فیچر نگاری میں الفاظ کی الٹ پھیر اور مبہم خیالات سے احتراز ضروری ہے ورنہ ایسے فیچرس صحافت سے زیادہ تخیلی ادب میں شمار کئے جائیں گے۔

مغرب میں فیچر نگاری کو ایک مستقل صنف کا درجہ دیا گیا ہے۔ اکثر صحیفہ نگاروں نے اسے ایک باقاعدہ پیشہ کی حیثیت سے اختیار کیا۔ چنانچہ کئی فیچرس تجارتی و کاروباری نقطہ نظر سے بھی لکھے جانے لگے ہیں۔ امریکہ و برطانیہ میں اخبارات و جرائد کے مالکین

فیچر نگار کو نہایت مناسب و معقول معاوضہ ادا کرتے ہیں۔ فیچرس، سیاسی، معاشی، سماجی اور دیگر بے شمار موضوعات پر لکھے جاسکتے ہیں۔ اس کے حدود لامتناہی ہیں۔

فیچر نگار گردو پیش کے حالات سے نہ صرف باخبر رہتا ہے اور ان حالات سے استفادہ کرتے ہوئے اپنی تحریر کو خلوص و صداقت اور جوش و خروش سے معمور رکھتا ہے۔ تجسس و تحقیق کا مادہ بھی ضروری ہے کیونکہ تجسس و تحقیق ہی دراصل افکار و اخیالات کا سر چشمہ ہیں۔ فیچر نگار میں تحریری صلاحیت و قابلیت بھی ضرروری ہے۔ تاوقتیکہ وہ تحریر کے فن کا ماہر نہ ہو وہ افکار وخیالات کو کامیابی سے پیش نہیں کرسکتا۔ کئی فیچرس انٹرویوز، اور شخصی بات چیت کے نتیجہ میں رونما ہوتے ہیں اس لئے فیچر نگار کو نہایت ہوشیاری اور تدبر کے ساتھ بڑی بڑی شخصیتوں سے انٹرویو لینا چاہئے۔ عام طور پر شخصی رائے یا ذاتی حالات کو پیش کرنے سے زیادہ حالات کا عام انداز میں جائزہ لینا کامیاب فیچر نگاری کی علامت ہے۔ فیچر نگاری میں واقعات کو پوشیدہ رکھتا اور مبہم انداز میں پی ش کرنا بڑی خاص چیز سمجھی جاتی ہے۔ موجودہ دور میں فیچر نگاری کے امکانات نہایت روشن ہیں۔ اب ہمارے اخبارات اور رسائل بے شمار فیچرس پر مشتمل ہوتے ہیں۔

اخبارات کے ہفتہ وار ایڈیشن میں فیچرس کا وجود ایک ناگزیر عمل بن گیا ہے۔ فیچر نگار کے لئے نئے حالات پر چہار بیان اور تبصرہ کا یہ سب سے موثر ذریعہ ہیں۔ خیالات کی توضیح و تشریح افکار کی ترسیل و ابلاغ فیچر نگاری کا نمایاں وصف ہیں۔ اس کے علاوہ فیچر نگار کو مختلف شخصیتوں کی زندگی کا قریب سے مطالعہ کرنا اور انٹرویو کے ذریعہ ان کے نقطہ نظر سے واقفیت کا موقع ملتا ہے۔ یہ صورت حال بھی فیچر نگاری کی آب و تاب میں اضافہ کا باعث ہوتی ہے۔ فیچر نگاری میں شخصی اثرورسوخ، منفرد اسلوب دلچسپ پیرایہ بیان اور واقعات کا غیر جانبدار تجزیہ ضروری ہے۔ عوام کی جانب سے فیچر نگار کو اسی وقت مسلمہ

حیثیت حاصل ہوتی ہے جب وہ عوام کے مزاج ان کی علمی سطح اور حالات کو حقیقت پسندی کے ساتھ پیش کرنے کی عادت پیدا کرے۔ ایک بڑے دانشور نے کہا ہے کہ دنیا ادیب کا کارخانہ ہے ادیب اپنے افکار و خیالات کے ذریعہ رائے عامہ ہموار کرتا ہے اور اپنے ذہن و فکر کی روشنی سے قاری کے زاویہ فکر کو جلا دیتا ہے۔

فیچر نگار کو بعض خصوصیات کا حامل ہونا ضروری ہے خاص طور پر خبروں کے سلسلہ میں اس کی قوت شامہ نہایت تیز ہونی چاہئے اس کے علاوہ وہ کئی موضوعات پر شائع ہونے والے متعدد فیچر مضامین کا مطالعہ کرتا رہے۔ فیچر نگاری میں تجسس و تحقیق کا خاص ذہن اور تیز مشاہدہ ناگزیر ہے۔ زبان و ادب پر مہارت تحریر کے نئے انداز اسلوب سے واقفیت عوامی مزاج کو سمجھنے کی صلاحیت اور جذبات اور احساسات سے آگاہی کامیاب فیچر نگاری کا خاصہ ہیں۔ فیچر مضامین کے لئے موضوعات کا تعین نہیں کیا جاسکتا، اور نہ ہی مخصوص ذرائع وسائل کی نشاندہی کی جاسکتی ہے۔ پھر بھی عام طور پر ایک فیچر نگار کو تین اہم ذرائع سے معلومات حاصل ہوتے ہیں۔ ان میں مشاہدہ تجربہ اور اخبارات و کتابیں شامل ہیں۔

فیچر مضامین کی متعدد قسمیں ہیں، ہر فیچر نگار اپنے مخصوص انداز فکر کے ذریعہ ان کی خاص تعبیر کرتا ہے لیکن عام طور پر فیچرس کی چھ قسمیں کی جاسکتی ہیں۔

۱۔ بیانیہ فیچر

۲۔ شخصی فیچر

۳۔ انٹرویو فیچر

۴۔ افادی معلوماتی فیچر

۵۔ سائنسی و معاشی اور سماجی فیچر

۶۔ شخصی خاکہ

۱۔ بیانیہ فیچر (NARRATIVE FEATURE)

بیانیہ فیچر نگاری میں کسی بھی واقعہ کو بیان کرنے کے لئے بیانیہ، مکالماتی یا تجزیاتی انداز اختیار کیا جاتا ہے کہ قاری کا ذہن معلومات کے علاوہ گہرا تاثر اور دلچسپ تفریح حاصل کرتا رہے۔ اردو اور انگریزی میں اس طرح کے فیچرس کا عام رواج ہے۔

۲۔ شخصی و تجرباتی فیچر (PERSONAL & EXPERIENCE FEATURE)

اس طرح کے فیچر مضامین میں فیچر نگار اپنے غیر معمولی تجربوں اور بعض مرتبہ مشاہدہ پر مبنی واقعات کو پیش کرتا ہے اس طرح کے فیچرس میں معلومات سے زیادہ ذہنی دلچسپی و تفریح کے سامان پیدا کئے جاتے ہیں۔

۳۔ انٹرویو فیچر (INTERVIEW FEATURE)

اس طرح کے فیچرس مختلف شخصیتوں سے لئے گئے انٹرویو کے دوران پیش کردہ خیالات و افکار پر مبنی ہوتے ہیں ان کے ذریعہ ہم کسی بھی موضوع پر بڑی شخصیتوں کے افکار و خیالات سے واقفیت حاصل کرتے ہیں۔ انٹرویو فیچرس ہمارے نقطہ نظر کو متعین کرنے میں مدد دیتے ہیں۔

۴۔ افادی و معلوماتی فیچر (UTILITY FEATURE)

فیچر نگار قاری کو اپنے مضامین کے ذریعہ مختلف معلومات اور مشورے دیتا ہے۔ بعض حالات میں ذہنی رہنمائی و تربیت کا کام بھی انجام دیتا ہے۔ ایسے فیچرس جن میں انسانی خواہشات کی تشفی اور دلچسپی کے نئے سامان فراہم کئے جاتے ہیں انہیں افادی فیچرس سے تعبیر کیا جاتا ہے۔

۵۔ سائنسی معاشی اور سماجی فیچر

عام طور پر سائنسی اور معاشی اور سماجی ماہرین کے مضامین اسی زمرے میں آتے ہیں ، جن میں نئے حالات پر تنقید و تبصرے کئے جاتے ہیں۔ ان فیچرس سے قاری کو ماہرین کی رائے سے واقفیت کا موقع حاصل ہوتا ہے۔

۶۔ شخصی خاکہ (THE PERSONALITY SKETCH)

شخصی خاکہ میں زندگی کے مختلف شعبوں سے تعلق رکھنے والی شخصیتوں کی خوبیوں اور خامیوں اور ان کے کارناموں کو مضامین کے ذریعے پیش کیا جاتا ہے۔ ان میں نہ صرف زندگی کے حالات اہم واقعات کا ذکر ملتا ہے بلکہ ان کی ترقی و کامیابی کے اسباب و علل کا بھی جائزہ لیا جاتا ہے۔

اردو میں فیچر نگاری کا رواج باقاعدہ نہیں ہوا لیکن ادھر کچھ عرصہ سے فیچر نگاری کی اہمیت و افادیت کا احساس اردو صحیفہ نگاروں میں پیدا ہو گیا ہے۔ توقع ہے کہ مستقبل میں اردو صحافت میں فیچر نگاری کو مستقل حیثیت دی جائے گی تاکہ ہمارے اخبارات صرف خبرنامے ہی نہیں بلکہ انہیں خیالات و افکار کے سرچشمے کی حیثیت حاصل رہے۔

***

ماخوذ از کتاب: ادب و صحافت۔ مصنف: عابد صدیقی

ناشر: نیرنگ اکیڈیمی، حیدرآباد (سن اشاعت: نومبر ۱۹۷۴ء)

Feature Writing in Journalism

(۴) صحافت اور ادب: ادبی صحافت کی تعریف و تاریخ
ڈاکٹر اکرم وارث

"مجلہ" بفتح المیم عربی لفظ ہے جس کے معنی رسالہ، جریدہ اور میگزین کے ہیں۔ اخبار اور مجلہ میں فرق یہ ہے کہ اخبار خبروں سے بھرا ہوا ہوتا ہے، جب کہ مجلہ علمی، ادبی، سیاسی، سماجی تہذیبی، سائنسی اور دیگر مضامین کا مجموعہ ہوتا ہے۔ دوسرے یہ کہ اخبار روزانہ کی خبروں پر مشتمل ہوتا ہے جب کہ مجلے کے مضامین دستاویز اور تاریخ کا حصہ بن جاتے ہیں۔

جس طرح ہندوستان میں اخباری صحافت کے آغاز کا سہرا انگریزوں کے سر ہے اسی طرح مجلاتی صحافت کی ابتدا بھی انگریزوں کی ہی رہین منت ہے۔ مجلاتی صحافت سے مراد علمی اور ادبی صحافت ہے۔ ادب اور صحافت کے درمیان فرق ہے۔ ادبی نگارشات میں کوئی بھی ادیب اپنے نظریات، خیالات یا احساسات کو پیش کرتا ہے، جب کہ ایک صحافی اپنے آس پاس موجودہ عہد میں جو واقعات پیش آتے ہیں، انہی کی ترجمانی کرتا ہے۔ صحافی کو ہمیشہ وقت کے ساتھ چلنا ہوتا ہے، اس کے برعکس ادب کے لیے وقت کی کوئی قید نہیں۔ آج جو واقعہ پیش آیا ہے صحافت میں اس کی کل تک اہمیت باقی نہ رہے گی، جب کہ ادب میں ایسا نہیں ہوتا۔ یہاں کسی بھی زمانے کا واقعہ کسی بھی زمانے میں بیان ہو سکتا ہے۔

کسی واقعہ کو پیش کرنے میں صحافی اپنے احساسات یا خیالات سے خود کو باز رکھتا ہے،

جب کہ ادب میں ادیب آزاد ہے۔

ایک شاعر ایک غزل لکھنے میں دو مہینے کا وقت بھی لگا سکتا ہے۔ ایک افسانہ نگار ایک افسانہ کی تخلیق میں چاہے تو چھ ماہ لگادے، ایک ناول نگار، ممکن ہے اپنے کسی ناول کی تکمیل میں پوری زندگی ہی گزار دے مگر صحافت میں (خاص کر اخباری صحافت میں) وقت کی بہت اہمیت ہوتی ہے۔ یہاں ایک منٹ کی تاخیر سے کام بگڑ سکتا ہے، ایک ایک لمحہ قیمتی ہوتا ہے۔ مندرجہ ذیل اقتباس سے ادب اور صحافت کے فرق کو اور بہتر طور پر سمجھا جاسکتا ہے:

"صحافت اور ادب کے درمیان امتیاز بالکل بیکار سی بات ہے۔ تاوقتیکہ ہم ایسا سخت مقابلہ نہ کر رہے ہوں جیسے گبن کی 'تاریخ' اور آج شام کے اخبار کے درمیان ہے، اور یہ مقابلہ بذات خود اس قدر شدید ہے کہ بے معنی ہو جاتا ہے۔ آپ صحافت اور ادب کے درمیان کوئی مفید امتیاز صرف ادبی اقدار کی ترازو میں رکھ کر نہیں کر سکتے۔ یہ امتیاز ایک عمدہ تحریر اور ایک انتہائی عمدہ تحریر کے درمیان فرق کرنے سے بھی پیدا نہیں ہوتا۔ ایک دوسرے درجہ کا ناول صحافت نہیں ہے لیکن یقیناً اسے ادب بھی نہیں کہا جا سکتا۔"

(بحوالہ: ایلیٹ کی مضامین، مرتب: جمیل جالبی)

ادب کی تاریخ میں کئی مشہور ادیب ایسے بھی گزرے ہیں جنھوں نے اپنی تخلیقات سے صحافت کی دنیا میں نمایاں کامیابی حاصل کی اور کئی مشہور صحافی ایسے بھی گزرے ہیں جن کا ادب کی تاریخ میں قابل ذکر مقام ہے۔ اعتماد، دلیری اور بلند ہمتی سے صحافت میں کامیابی کی راہیں کشادہ ہوتی جاتی ہیں۔ آزاد خیالی اور بصیرت صحافت کے اہم عناصر ہیں۔ صحافت ترقی کی نقیب اور مستقبل کی تصویر ہے۔ معاشرے کے لیے اخبار کی ضرورت سے کسی کو انکار نہیں۔ ادب اور صحافت میں کسی حد تک یکسانیت ہونے کے باوجود یہ دونوں

الگ الگ شعبے ہیں۔ ادب اور صحافت کا مواد، موضوع، طرز اظہار جداگانہ نوعیت کا ہوتا ہے۔ ادب اور صحافت کے قاری کی ذہنی سطح اور مطالبات میں فرق ہوتا ہے۔

ڈاکٹر وزیر آغا ادب اور صحافت کے ضمن میں لکھتے ہیں کہ:

"بحیثیت مجموعی ادب کسی زمانے کے خارجی حالات و واقعات کی بہ نسبت اس زمانے کے میلانات و رجحانات کی عکاسی کرتا ہے۔ چنانچہ ایک تاریخی جائزہ ایک ادب پارے سے اس حد تک مختلف ہے کہ جہاں مقدم الذکر کا دائرہ عمل واقعات کی ترتیب و تدوین تک محدود ہے، وہاں ادب ان احساسات و جذبات کی ترجمانی کرتا ہے جو ایک خاص زمانے کی پیداوار ہوتے ہیں اور جن کے باعث اجتماعی ملکی شعور ایک حد تک مرتب ہوتا ہے۔ ادب اور تاریخ کی ہر حد فاصل کچھ اور سمٹ کر ادب اور صحافت کی حد فاصل کا درجہ حاصل کر لیتی ہے اور یوں کہ جہاں تاریخی جائزے کا میدان کافی وسیع ہوتا ہے اور ایک خاص دور کے واقعات کو زیر بحث لاتا ہے، وہاں صحافت کی تگ و دو سمٹ کر ان ہنگامی واقعات تک محدود ہوتی ہے جو ایک وسیع تر تاریخی جائزے میں غالباً کم اہمیت رکھتے ہیں۔ تاریخی جائزے اور ہنگامی صحافت کا یہ بنیادی فرق صحافت اور ادب کی خلیج کو کچھ اور کشادہ کر دیتا ہے اور یہ بات بالکل واضح ہو جاتی ہے کہ ادب کی حیثیت مستقل ہے، اور صحافت کی حیثیت محض ہنگامی، لیکن ادب اور صحافت کا فرق 'مواد' اور 'موضوع' تک محدود نہیں۔ دراصل اس کا نمایاں فرق وہ طریقِ اظہار ہے جو ادب کو ادب اور صحافت کو صحافت کا درجہ عطا کرتا ہے۔"

(بحوالہ: اردو ادب میں طنز و مزاح، از: ڈاکٹر وزیر آغا)

ایک ادیب کسی ادب پارے کی تخلیق کے عمل میں خارجی عوامل کے ساتھ ساتھ اپنے داخلی محرکات، جذبات و احساسات سے بھی متاثر ہوتا ہے جب کہ صحافی صرف

خارجی عوامل ہی کو عام فہم زبان میں بیان کرتا ہے۔ صحافی کسی بھی خبر میں اپنا ردعمل یا نقطۂ نظر پیش نہیں کرتا، یعنی جو بات ادب کی خوبی ہے وہی صحافت کی خامی بن جاتی ہے۔ اردو صحافت کی نشو و نما میں اردو کے شاعر اور ادیبوں کی ایک طویل فہرست ہے۔ یہ ادیب صحافتی ضرورتوں کے ساتھ ساتھ اپنے ادبی ذوق کی تشکیل بھی کرتے تھے۔ یہ کہا جائے تو غلط نہ ہوگا کہ اردو صحافت نے اردو ادب کی کوکھ سے جنم لیا۔ اس حقیقت کا اعتراف کرتے ہوئے ڈاکٹر وحید قریشی لکھتے ہیں:

"اردو صحافت کے آغاز میں ادیبوں نے اس کی ترقی میں بڑھ چڑھ کر حصہ لیا لیکن اس صحافت کا قاری ادب کے قاری سے مختلف نہ تھا۔ اس لیے ابتدائی اخبار نویسی ادبی معیاروں اور ادبی نثر کے جملہ لوازم سے روشناس تھی۔ اس وقت صحافت پیشہ کے طور پر جداگانہ طور پر مشخص نہ ہوئی تھی، اس اعتبار سے صحافت ادب ہی کی ترجمانی اور ترسیل کا فریضہ ادا کرتی رہی لیکن انیسویں صدی کے آخر میں ادبی پرچوں اور ادبی اخباروں کی جگہ عام اخبارات نے لے لی۔ جزئیت کا عنصر لازمۂ صحافت ہو جانے سے ادبی نثر نویسی کی جگہ اخباری نثر نویسی کو فروغ حاصل ہوا اور عبارت آرائی کی جگہ مطالب نویسی کو اہمیت ملی۔ زبان و بیان کے عام اور متعارف سانچے صحافت کا جزو لازم ہوئے۔"

(بحوالہ: پیش نقطۂ مولف کتاب مسکین علی حجازی، از: ڈاکٹر وحید قریشی)

ادب کا کردار ایسا توانا اور بھرپور تھا کہ اس دور میں اخبارات کے مدیر بذات خود شاعر اور ادیب تھے اور ان کی ادارت میں چھپنے والے اخبارات و رسائل ان کے ادبی ذوق کے ترجمان تھے۔ عوام کا ذوق و مذاق صاف ستھرا اور نکھرا ہوا تھا۔ اس سلسلے میں میں یہ اقتباس ملاحظہ ہو:

"اس اعتبار سے ادبی صحافت ضدین کے اجتماع کا ہنر ہے کہ وقت کی پابندی کے

ساتھ ادبی نگارشات کا دل کش اور فکر انگیز مجموعہ قارئین کی خدمت میں پیش کر دیا جائے۔ یہ مدیر کی شخصیت، اس کے ادبی مذاق اور حسن انتظام کی آزمائش ہے کہ وہ کتنے سلیقے سے بہترین اور معیاری تحریریں حسن ترتیب کے ساتھ وقت مقررہ پر شائع کر سکتا ہے، اسے پرچے کے خریداروں کی تعداد میں اضافہ بھی کرنا ہے اور ساتھ ہی ان کے ذوق کی تربیت بھی کرنی ہے۔ ادبی صحافت کی بنیادی شرط ادبی معاشرہ میں خود مدیر کی علمی و ادبی حیثیت کا استحکام و اعتبار ہے۔ اگر رسالے کا مدیر ہی ادبی معاشرے میں ساقط اور لا اعتبار ہو گا تو رسالے کا معیار اور اس کی ادبی حیثیت مشکوک ہو گی۔"

(بحوالہ: ذہن جدید ستمبر تا نومبر ۲۰۱۰، اردو کی ادبی صحافت، از: قاضی جمال حسین)

ادب اور صحافت کے مقاصد میں بنیادی فرق ہے اور یہی فرق ادبی اور صحافتی تحریر میں نمایاں ہوتا ہے۔ اخبار کے قارئین اور ادب کے قارئین اپنے داخلی رویوں اور ذوق سلیم میں بھی مختلف ہوتے ہیں۔ صحافی اپنے قاری کے لیے آسان اور سادہ اسلوب کو پیش نظر رکھتا ہے جو بغیر کسی ابہام کے اپنا ابلاغ کر سکے۔ صحافت میں عام طور سے عارضی موضوعات زیر بحث لائے جاتے ہیں، یہ موضوعات وقتی اور ہنگامی نوعیت کے ہوتے ہیں۔ اس کے برعکس ادب میں مستقل اور دائمی قدروں کو موضوع گفتگو بنایا جاتا ہے۔ ایک صحافی کے لیے ضروری ہے کہ وہ زندگی کے ہنگامی موضوعات کو غیر جانب داری کے ساتھ بیان کرے۔ اسے اپنا ردعمل اور نجی فیصلہ شامل کرنے کا اختیار نہیں، یہ فیصلہ وہ قارئین پر چھوڑ دیتا ہے۔ ادب میں ایسی کوئی قدغن نہیں ہے۔ شاعر اور ادیب زندگی کی مستقل جہتوں میں جس چیز کو اپنی تخلیق کا موضوع بنائے گا وہ اس میں اپنی رائے اور نجی محسوسات شامل کرنے کا حق رکھتا ہے۔ ادب میں حقیقت کو داخلی اور تخلیقی سطح پر سمجھنے

کی کوشش کی جاتی ہے، جب کہ صحافت میں حقیقت کو واقعاتی سطح پر بیان کیا جاتا ہے۔ ادب کردار اور واقعات کے بیان میں مبالغہ آمیز تجربے، تخیلی تعبیر اور انفرادیت پر زیادہ توجہ دیتا ہے اور یہی اس کی صفاتی جہت ہے، جب کہ صحافت صرف واقعہ کی خارجی صورت پر انحصار کرتی ہے۔ ادبی صحافت کے حوالے سے ڈاکٹر قمرالہدی فریدی رقم طراز ہیں:

"رسائل معاصر ادبی صورت حال، رویے اور رجحانات سے واقفیت کا ذریعہ بھی ہیں اور قاری اور مصنف کے باہمی ترسیل و ابلاغ کے نتیجے میں رد و قبول کے پیچیدہ عمل سے گزرنے کے بعد ایک مستحکم فضا کی تشکیل کے ذمے دار بھی۔ زبان کی توسیع اور اس کا تحفظ، نئے ادب کی ترویج اور نئے قلم کاروں کی تربیت رسالے کرتے رہے ہیں، کرتے رہیں گے۔ جب ہی تو کہتے ہیں اچھے رسائل رجحان ساز بھی ہوتے ہیں اور تاریخ ساز بھی۔ جس طرح حال کو سمجھنے کے لیے رسائل ناگزیر ہیں اسی طرح ماضی کی ادبی و لسانی صورت حال، رویے اور رجحانات سے آگاہی کے لیے رسائل سے رجوع کیے بغیر چارہ نہیں۔ اردو کی ادبی صحافت کا نقطۂ آغاز 'تہذیب الاخلاق' ہے۔"

(بحوالہ: ذہن جدید ستمبر تا نومبر ۲۰۱۰، اردو کی ادبی صحافت، از: قمر الہدی فریدی)

ادب اور صحافت کے درمیان فرق کو واضح کرنے کے بعد ہم یہ کہہ سکتے ہیں کہ ادبی صحافت سے مراد رسالے اور مجلے ہیں، خواہ وہ کسی نوعیت (مذہبی، سیاسی، تہذیبی، علمی وغیرہ) کے ہوں۔ ان کی بنیادی شرط مقررہ وقت پر ان کا شائع ہونا، مضامین کا معیاری ہونا، مدیر کا باصلاحیت ہونا اور اس کا ادبی مذاق نکھرا ہوا ہونا ضروری ہے، ورنہ رسالے کے معیار اور اس کی اشاعت پر منفی اثر پڑ سکتا ہے۔

قارئین کا دائرہ وسیع کرنا، لکھنے والوں کو ایک معیاری پلیٹ فارم مہیا کرانا اور ادب کی آفاقی و جمالیاتی قدروں کی توضیح و تفہیم کے لیے راہ ہموار کرنا اس عہد کے جرائد کا بنیادی مقصد ہے۔

ہندوستان میں اردو کی ادبی صحافت نے مختلف ادوار میں مختلف رنگ اختیار کیا۔ سیاسی اور سماجی صورت حال کا بھی اثر مجلوں کی نگارشات میں ہمیں دیکھنے کو ملتا ہے۔ داخلی اور خارجی دونوں رنگ یہاں نمایاں ہیں۔ ادبی رسالوں اور اس کے مدیر کے متعلق قاضی جمال حسین رقم طراز ہیں:

"ادبی رسالوں کے مدیر کو بہ یک وقت دو طرح کی مشکلوں کا سامنا ہوتا ہے۔ ایک طرف تو اس رسالے میں شعر و ادب کے تقاضے ملحوظ رکھنے ہوتے ہیں کہ شائع ہونے والی تخلیقات معیاری ہوں، تحریر کی علمی و ادبی سطح بلند ہو، قارئین کی جمالیاتی آسودگی کے ساتھ ساتھ رسالے کے مشمولات ان کی بصیرت و آگہی میں بھی اضافے کا سبب ہوں۔ دوسری طرف صحافت کے تقاضے اور اس کی اپنی مجبوریاں، کہ رسالہ پابندیٔ وقت کے ساتھ شائع ہونا ہے، تخلیقات یکجا کرنی ہیں، ادیبوں اور شاعروں کو خطوط لکھنے ہیں، تخلیقات جلد بھیجنے کا تقاضا کرنا ہے، تخلیقی ادب کے علاوہ علمی موضوعات پر سنجیدہ اور معیاری تحریریں بھی درکار ہیں، رسالے کی اشاعت بڑھانے کے لیے عوامی دلچسپی کی تحریریں بھی چھاپنی ہیں وغیرہ وغیرہ۔ کتابت اور طباعت کی اپنی دشواریاں۔ یہ تمام مرحلے وہ ہیں جو پابندیٔ وقت کی راہ میں حائل ہیں۔ صحافت کا بنیادی تقاضا وقت کی پابندی اور مقررہ وقت پر پرچے کی اشاعت ہے، جب کہ ادب کے مطالبات یکسر مختلف ہیں۔ کسی شاعر یا ادیب پر آپ یہ پابندی عائد نہیں کر سکتے کہ ایک ہفتہ میں وقت کی پابندی کے ساتھ دو نظمیں یا چار غزلیں وہ ضرور کہہ لے، یا مہینہ میں تین کہانیاں اور سال بھر میں

ایک ناول ضرور لکھ ڈالے۔ صحافت خواہ اخبار سے متعلق ہو یا مجلوں اور رسالوں سے، وقت مقررہ پہ اشاعت کا تقاضا کرتی ہے، جبکہ علمی و ادبی اقدار پر اصرار ہوتا ہے۔ چنانچہ وہی باتیں جو صحافت کی خوبی تصور کی جاتی ہیں، ادبی تحریر کا عیب بن جاتی ہیں۔

(بحوالہ: ذہن جدید ستمبر تا نومبر ۲۰۱۰، اردو کی ادبی صحافت، از: قاضی جمال حسین)

❋ ❋ ❋

ماخوذ از مقالہ: اردو میں ادبی صحافت - ۱۹۳۵ء سے ۱۹۶۰ء تک (اہم رسائل کی روشنی میں) پی۔ایچ۔ڈی مقالہ نگار: اکرم وارث (شعبۂ اردو، علی گڑھ مسلم یونیورسٹی- ۲۰۱۶ء)۔
نگراں: پروفیسر قاضی جمال حسین

Literary journalism in Urdu journalism. By: Akram Waris

(۵) دکن کی اردو صحافت: اردو اخبارات از ابتدا تا آزادئ ہند

محمد اعجاز الدین حامد

دکن کی اردو صحافت کا آغاز ایک تحقیق کے مطابق اخبار "آفتابِ ہند" سے ہوتا ہے جو غدر (۱۸۵۷ء) کے تین سال بعد جاری ہوا تھا۔ اس کے بعد دکن میں اردو اخبارات کی اشاعت کا سلسلہ جاری ہو گیا۔

نظام الاخبار دکن، آصف الاخبار، معلم شفیق، مشیر دکن، علم و عمل، صحیفہ، معارف، رہبر دکن، نظام گزٹ، رعیت، صبح دکن، وقت، منشور، پیام، تنظیم، سلطنت، مملکت، میزان، مستقبل، انقلاب، پرچم، مبصر، اتحاد، آزاد، جناح، معین اور امن۔۔۔ جیسے بیشتر اخبارات نے قوم کی سیاسی بیداری، قومی یکجہتی، اتفاق و اتحاد، رائے عامہ کو ہموار کرنے، اخلاق عامہ کی درستگی، علم کو پھیلانے عمل کی سمت ابھارنے، سماجی شعور کو بیدار کرنے اور دینی بصیرت کو عام کرنے میں نمایاں حصہ لیا۔

خاص طور پر پولیس ایکشن سے لگ بھگ تیرہ (۱۳) سال قبل جاری ہونے والے اخبار "پیام" نے، جس کے ایڈیٹر جدوجہد آزادئ ہند کے صف اول کے رہنما اور نامور صحافی قاضی عبدالغفار تھے، دکن کی اردو صحافت میں ایک انقلابِ عظیم بپا کر دیا۔ چونکہ قاضی صاحب کا ساتھ مولانا محمد علی جوہر، حکیم اجمل خان اور مولانا ابوالکلام آزاد جیسے رہنمایان ملت کے دم بدم رہا تھا اس لیے بھی قاضی عبدالغفار تمام تر سیاسی نکتوں سے مکمل طور پر آگاہ تھے۔ وہ غلامی کی زنجیروں میں جکڑے ہوئے ہندوستانیوں کے دل کی

آواز تھے۔ مولانا محمد علی جوہر کے اخبار "کامریڈ" کے اسٹاف کے ساتھ جب وہ لندن کی گول میز کانفرنس میں شرکت کے لیے گئے تو وہاں سے صحافت کے بارے میں معلومات کا خزانہ لے آئے تھے۔

چنانچہ انہوں نے اپنے اخبار "پیام" کے ذریعہ نہ صرف ہندوستانیوں کی روح کو بیداری کا پیام دیا بلکہ مظلوم عوام کا پیام انہوں نے حکومت کے ایوانوں تک پہنچایا۔ روزنامہ "پیام" کے اداریے بڑے معرکتہ الآراہوتے تھے۔ آپ کے بعد جناب اختر حسن صاحب، سابق سکریٹری و ڈائرکٹر اردو اکیڈیمی نے اس اخبار کو خرید لیا اور اس کے تقاضوں کو پورا کیا۔ کچھ دنوں تک "پیام" کانگریس کی حمایت کرتا رہا مگر بعد میں وہ عوام کی آواز بن گیا اور اس نے حق گوئی اور بے باکی کی انوکھی مثال قائم کی۔ بحیثیت مجموعی دکن کی اردو صحافت اخبار "پیام" کے بعد جدید دور میں داخل ہو گئی اور اس طرح سے آج کی صحافت کے لیے مشعل راہ بن گئی۔

اعلیٰ حضرت حضور پر نور ہزا کز الٹیڈ میر عثمان علی خان بہادر بندگان عالی اخبارات و رسائل سے ذاتی و خصوصی دلچسپی رکھتے تھے۔ بیسیوں اخبارات کی آپ نے سرکاری خزانے کے ذریعہ اپنے دستِ خاص سے مالی مدد کی۔

اور دوسری طرف اخبارات ورسائل کی اشاعت کے سلسلے میں سرکار کی جانب سے دئے جانے والے اجازت نامے کے جملہ طریقوں کو نہایت سہل اور سادہ انداز میں مروج کیا تاکہ ایک معمولی سی حیثیت رکھنے والا عام آدمی بھی اخبار شائع کر کے اپنے شوق کو پورا کر سکے۔ حضور نظام کو اشاعت علم کا خاص شوق و شغف تھا، جامعہ عثمانیہ کے قیام اور دارالترجمہ کی تشکیل کے ذریعہ اردو ذریعۂ تعلیم کا تجربہ کر کے اعلی حضرت نے اپنی علم دوستی کا بھرپور مظاہرہ فرمایا تھا۔

اخبارات ورسائل میں اشاعت کی غرض سے اعلی حضرت خود اپنے دستِ مبارک سے لکھا ہوا اپنا تازہ کلام اور دیگر علمی و تنقیدی تبصرے روانہ فرماتے تھے۔ نہ صرف یہ بلکہ شہزادگان والاشان بھی آپ ہی کی ایما پر آپ ہی کی تقلید میں اپنا کلام وغیرہ اشاعت کے لیے مختلف اخبارات کو روانہ کرتے تھے۔ علاوہ ازیں اخبارات کے خاص نمبر و سالنامے بھی اعلیٰ حضرت کے کلام سے لیس ہوتے تھے۔ رسالہ "ہمجولی" کی نسبت اعلیٰ حضرت نے اپنا ذاتی تبصرہ خود تحریر کر کے روانہ فرمایا تھا، چنانچہ آپ کے اس تبصرے کی بعد کے رسالے میں اشاعتِ خاص کر کے مدیر نے عزت حاصل کی۔

جو اخبارات اعلیٰ حضرت کے کلام سے منور ہوتے تھے ان کے نام اس طرح ہیں: نظام گزٹ، یادگار سلور جوبلی آصف سابع، صبحِ دکن، رہبر دکن وغیرہ۔

اعلیٰ حضرت کی تخت نشینی (اگست-۱۹۱۱ء) کے وقت جو اخبارات موجود تھے، ان میں مشیر دکن، دکن لاء رپورٹ، آصفیہ گزٹ، علم و عمل، صحیفہ وغیرہ شامل ہیں۔

حیدرآباد دکن کے اخبارات نے یہاں کی سماجی، علمی و تہذیبی اور صحافتی زندگی پر بہت گہرا اثر مرتب کیا۔ دکن کے عوام کی سماجی زندگی کا عکس ان اخبارات میں پورے طور پر واضح ہے۔ حیدرآباد کا تمدن، یہاں کی محفلیں اور معاشرت، لباس اور رہن سہن کے بارے میں یہ اخبارات مکمل معلومات فراہم کرتے ہیں۔ ساتھ ہی یہاں کی علمی و تہذیبی سرگرمیاں بھی ان اخبارات میں شائع شدہ خبروں اور اداریوں میں پوری طرح جلوہ گر نظر آتی ہیں۔

وہ خصوصیات جو آزادی سے قبل شائع شدہ ہندوستان کے دیگر اخبارات کے مقابلے میں حیدرآباد کے اخبارات میں نظر آتی ہیں: وہ ان اخبارات کی زبان، اسلوب، طرز ادا، خبروں کی بے ساختگی، اداریوں کی حق گوئی و بے باکی اور اخبارات کے مدیروں کا نڈر و

بے خوف ہونا ہے۔

حالانکہ حیدرآباد دکن پر بادشاہِ وقت اعلیٰ حضرت حضور نظام کی حکومت قائم تھی مگر باوجود اس کے، حیدرآباد کے اکثر اخبار انتہائی بے لاگ تھے اور حکومتِ وقت پر بھی (اگر کوئی خامی ان میں نظر آئے) تنقید سے گریز نہیں کرتے تھے۔

دکن کے ان متذکرہ اخبارات کے مختصر جائزے سے یہ ثابت ہوتا ہے کہ ہندوستان کی اردو صحافت کا قیام و استحکام صرف اور صرف دولت عثمانیہ اور اعلیٰ حضرت حضور نظام کی خصوصی عنایت اور ذاتی دلچسپی کا نتیجہ ہے۔ ریاست حیدرآباد اگر چیکہ ایک خود مختار ریاست تھی مگر اس ریاست کے اربابِ اقتدار صحافت کی آزادی، آزادیٔ رائے اور حق گوئی و بے باکی کو دل سے پسند کرتے تھے اور معاملے میں اپنا کوئی ثانی نہیں رکھتے تھے۔

اگر چیکہ بعض اخبارات پر مملکتِ آصفیہ کا عتاب بھی نازل ہوا تھا مگر اس کی وجہ ذاتی اغراض نہیں بلکہ قومی اور ملی مفادات کی صیانت و پاسبانی کرنا تھا۔

اس دور کے اخبارات جہاں ایک طرف اس زمانے کی تہذیب و شائستگی پر مشتمل ایک مبسوط دستاویز کی حیثیت رکھتے ہیں وہیں وہ عوام اور حکومتِ وقت کے درمیان باہمی تال میل اور ربط و ضبط بر قرار رکھنے میں پوری طرح کامیاب و کامران نظر آتے ہیں۔ ان اخبارات کا مطالعہ دراصل ہمیں اس دور کی پوری سیاسی و سماجی اور تہذیبی و تمدنی زندگی سے روشناس کراتا ہے۔

حیدرآباد دکن کے (از ابتداء تا ۱۹۴۷ء) اردو اخبارات کی ایک مکمل فہرست ذیل میں پیش ہے:

فہرست - حیدرآباد دکن کے اردو اخبارات

نمبر شمار	اخبار	سن اشاعت	مدیر
1	آفتاب ہند	1860	قاضی محمد قطب
2	دارالطبع	1869	-
3	متین کرتان	1870	کرتان محی الدین
4	رحمانی	1873	-
5	مفید عام	1878	نارائن سوامی
6	نظام الاخبار دکن	1878	-
7	آصف الاخبار	1878	نارائن سوامی
8	جریدہ اعلامیہ	1880	-
9	معلم شفیق	1880	محب حسن
10	شاہ دکن	1882	اظہر الدین
11	اسلامیہ	1882	محمد حسین
12	شوکت الاسلام	1882	حاجی محمد قاسم کرتان
13	ارم دکن	1883	سید احمد زید بلگرامی
14	احمدی	1883	حمید الدین نعمانی
15	ہزار داستان	1883	مولوی محمد سلطان عاقل
16	محبوب شاہی	1883	منشی غوث الدین
17	پیک آصفی	1884	مولوی سید احمد زید بلگرامی
18	آصفی	1885	سید محمد سلطان اثنا عشری
19	جوہر سخن	1885	عبداللہ خان ضیغم
20	گلزار دکن	1885	قادر علی خان
21	مسرت القلوب	1886	-
22	دکن پنچ	1887	حکیم جگناتھ پرشاد، وکیل ہائیکورٹ

23	مشیر دکن	1892	پنڈت کشن راؤ / پنڈت واسدیو راؤ
24	افسر الاخبار	1887	مشتاق احمد
25	نظام پریس	1887	عبد السلام عرشی
26	خیال محبوب	1887	عبد السلام عرشی
27	سفیر دکن	1888	منشی نثار علی شہرت
28	محبوب القلوب	1890	عماد السلطنۃ بہادر
29	نظارہ عالم	1896	منشی قدرت اللہ مضطر
30	مظلوم دکن	1898	عظیم الدین
31	جام جمشید	1901	ابراہیم خان
32	عزیز الاخبار	1902	نواب عزیز جنگ بہادر ولا
33	دکھنی	1903	مولوی محمد عبد الرحیم، وکیل ہائیکورٹ
34	علم و عمل	1904	صادق حسین
35	نظامی	1904	امیر حمزہ
36	محبوب گزٹ	1905	منشی پیارے لال
37	آصفیہ گزٹ	1911	مولوی سید محمد علی عرش ملیح آبادی
38	صحیفہ	1912	مولوی اکبر علی
39	معارف	1913	مولوی امیر حسن
40	عثمان گزٹ	1913	سید رضا شاہ ترمذی انجم
41	بلیٹن	-	میجر کیمرن
42	پولیس گزٹ	1914	-
43	واعظ	1917	مولوی عبد الوہاب عندلیب
44	وقایع دفتر معتمدی مال	1918	مولوی محمد رحمت اللہ
45	بیدر گزٹ	1920	-
46	رہبر دکن	1921	سید احمد محی الدین

47	نظام گزٹ	1927	سید وقار احمد ایم۔اے
48	رعیت	1927	ایم۔ نرسنگ راؤ
49	صبح دکن	1928	احمد عارف / اشرف علی
50	وقت	1928	مولوی محمد عبد الرحمن صاحب رئیس
51	اخبار سر سری	1928	مولوی محمد مظفر الدین خان
52	الحمایت	1929	محمد منیر الدین خان
53	دکن گزٹ	1929	ڈاکٹر مرزا غلام جیلانی
54	منشور / وقت	1930	مولوی محمد عبد الرحمن صاحب رئیس
55	ناندیڑ گزٹ / الاعظم	1931	حکیم غفران احمد
56	پیام	1935	قاضی عبد الغفار / اختر حسن
57	تنظیم	1936	علی اشرف
58	سلطنت	1938	سید سعد اللہ قادری
59	مملکت	1941	میر حسن الدین (بی۔اے، ایل ایل بی)
60	تاج	1944	سید حسن
61	میزان	1944	غلام محمد
62	مستقبل	1945	-
63	شیراز	1945	سید صمصام شیرازی
64	سید الاخبار	1946	سید صمصام شیرازی
65	البلاغ	1946	عبد القدوس ہاشمی
66	انقلاب	1946	مرتضیٰ مجتہدی
67	پرچم	1946	فصیح الدین
68	تاجر	1946	بہاؤ الدین محمود سلیم صدیقی
69	مبصر	1947	محمد صفدر اقبال
70	دی اسٹیٹس نیوز	1947	محمد اختر حسین

71	عظیم تر حیدرآباد	1947	عزیز احمد
72	اتحاد	1947	سلطان بن عمر
73	آزادی	1947	سید مختار محمد کرمانی
74	آزاد	1947	ٹھاکر امر اؤ سنگھ
75	جناح	1947	سید اظہر حسین رضوی
76	امروز	1947	شعیب اللہ خان
77	معین	1947	سید جعفر اللہ جعفری
78	امن	1947	سوامی واسدیو شاستری

* * *

ماخوذ از کتاب: حیدرآباد دکن کے اردو اخبارات (از ابتدا تا ۱۹۴۷ء، ایک جائزہ)۔
تصنیف: محمد اعجاز الدین حامد، حیدرآباد۔ (مقالہ برائے ایم۔ فل، یونیورسٹی آف حیدرآباد، سن اشاعت: ستمبر ۱۹۹۳ء)۔

Urdu Newspapers of erstwhile state Hyderabad Deccan, from beginning till 1947. By: Mohammed Aijazuddin Hamed.

(۶) الہلال: مولانا ابوالکلام آزاد کا یادگار صحافتی جریدہ

ڈاکٹر اکرم وارث

۱۳/ جولائی ۱۹۱۲ء کو "الہلال" کا اجرا عمل میں آیا۔ یہ ہفتہ وار پرچہ تھا۔ مولانا ابوالکلام آزاد نے اس کے متعلق لکھا تھا کہ:

امر بالمعروف والنھی عن المنکر

یعنی لوگوں کو نیک اعمال کی ترغیب دلانا اور برائی سے روکنا، اس پرچے کا بنیادی مقصد تھا۔ ابوالکلام نے اپنے پرچے کے لیے فصاحت اور بلاغت کا عمدہ انداز اختیار کیا۔ مولانا نے اس پرچے میں زبان و اسلوب کی تمام تر جلوہ سامانیوں کا اہتمام کیا ہے۔ عربی و فارسی الفاظ کی کثرت، جملوں کی ساخت، تحریر میں اشعار کا بر محل استعمال، تشبیہات اور استعارات کی مرصع کاری سے مولانا نے اپنی تحریر کے حسن کو دوبالا کر دیا ہے۔ اس طرزِ خاص کے وہ خود بانی بھی ہیں اور خاتم بھی۔ الہلال کے متعلق ڈاکٹر انوار احمد اپنی کتاب میں لکھتے ہیں کہ:

"الہلال، اپنے ظاہری حسن، اردو ٹائپ کے اہتمام، کاغذ کی نفاست، تصویروں کی شمولیت، مضامین کی تقسیم، افکار و معلومات کے تنوع، خیالات کی بلندی، مذہب، سیاست، تاریخ، تعلیم، ادب کی جامعیت، زبان کے حسن، اسلوب کی دل ربائی اور ظاہر و باطن کے محاسن کے اعتبار سے اپنی مثال آپ تھا۔ اس سے پہلے ان محاسن کا جامع کوئی اخبار نہ تھا اور اس کے بعد بھی ایک عرصہ دراز تک اس کی کوئی مثال نہ پیش کی جا سکی اور

آج بھی اگر رنگین و حسین طباعت کی دل فریبیوں سے صرفِ نظر کر لیا جائے تو علمی مضامین کی بلندی، انقلابی افکار اور ظاہر و باطن کے حسن و سلیقے میں کوئی اخبار اس کا مقابلہ نہیں کر سکتا۔"

(بحوالہ: مولانا آزاد کی ادبی صحافت [الہلال و البلاغ کے خصوصی حوالے سے]، ۲۰۰۶ء، ڈاکٹر انوار احمد۔ ص:۹۱۔)

الہلال کے پیش نظر دو مقصد تھے:

پہلا یہ کہ مسلمانوں کو اللہ کی کتاب قرآن حکیم کی تعلیمات سے واقف کرانا اور سنتِ رسول (ﷺ) پر عمل کرنے کی دعوت دینا۔

اور دوسرے یہ کہ اردو زبان میں ایسا معیاری اور بلند پرچہ شائع کرنا جو علم و ادب، سیاست و صحافت ہر اعتبار سے زمانے کی تیز رفتاری کا ساتھ دے سکے۔ مولانا اس پرچے کے ذریعہ قوم میں بیداری پیدا کرنا چاہتے تھے، قوم کو ایک نئی سوچ اور فکر دینا چاہتے تھے۔ اس مقصد کے حصول کے لیے مولانا نے شروع سے ہی پرچے میں دو باب قائم کر دئے تھے، انہیں دونوں باب کے ذیل میں تمام قسم کی تحریریں اور مقالات شائع ہوئے۔ اس طرح الہلال نہ صرف ایک صحیفہ بلکہ آفاقی زندگی کا ترجمان بن گیا۔ مولانا ادب برائے زندگی کے قائل تھے یہی وجہ ہے کہ الہلال جب ایک دفعہ بند ہو کر دوبارہ ۱۹۲۷ء میں نکلنا شروع ہوا تو اس میں مولانا نے "افسانہ" کا ایک مستقل باب قائم کیا جس میں عام طور سے غیر ملکی (انگریزی، فرانسیسی، جرمنی، ترکی اور روسی) زبانوں کے افسانوں کا ترجمہ شائع ہوتا تھا۔

مشہور فرانسیسی انشا پرداز وکٹر ہیوگو [Victor Heugo] کی معرکۃ الآرا کتاب 'Le Misreable' کا ترجمہ بھی دو اقساط میں الہلال میں شائع ہوا۔ مولانا آزاد بڑے

شاعر تو نہ تھے لیکن ان کا شعری ذوق بلند تھا۔ انہیں ہزاروں اشعار یاد تھے، جنہیں وہ اپنی تحریروں میں بے حد خوبصورتی کے ساتھ استعمال کرتے تھے۔ غالب و عرفی ان کے پسندیدہ شاعر تھے اور ان کے شعروں سے مولانا نے اپنی تحریروں کو دل فریب بنانے کا خوب کام لیا۔ عتیق صدیقی لکھتے ہیں:

مولانا نے اپنی تحریروں میں غالب کے اشعار اس چابک دستی سے انگوٹھی میں نگینوں کی طرح جوڑے ہیں جیسے ان ہی مواقع کے لیے وہ اشعار کہے گئے تھے۔ بیشتر مقامات پر مولانا آزاد کے حسن استعمال نے غالب کے اشعار کی موثر اور قابلِ قدر شرح فراہم کر دی ہے۔

(بحوالہ: غالب اور ابوالکلام آزاد۔ مرتب: عتیق صدیقی، مکتبہ شاہراہ، دہلی، ۱۹۶۹ء۔ ص:۱۵۸۔)

الہلال ایک انقلابی پرچہ تھا، بہت حد تک اس کا خمیر قرآنی تعلیمات سے اٹھایا گیا تھا، اس کے مخاطب مسلمان تھے۔ الہلال کے ادارے سے جو حضرات منسلک تھے ان میں مولوی عبدالواجد ندوی، عبداللہ عمادی، سید سلیمان ندوی، مولانا عبدالسلام ندوی، حامد علی صدیقی، مولانا رکن الدین دانا سہسرامی، مرزا محمد عسکری، مولانا عبدالرزاق ملیح آبادی وغیرہ۔ یہ وہ حضرات ہیں جنہوں نے اپنی قلمی نگارشات سے ہمیشہ الہلال کی مدد کی اور اسے ایک مثالی پرچہ بنا دیا۔ ڈاکٹر عابد رضا بیدار لکھتے ہیں:

"زمیندار، ہمدرد اور الہلال اس دور صحافت کے اہم ترین نمائندے تھے اور شاید صحیح معنی میں اردو ادب میں باقاعدہ اور سائنٹفک صحافت کے بانی بھی۔ الہلال اس ثلیث کا سب سے ممتاز رکن تھا کیونکہ اس نے صحافت کے فن کو فنی حیثیت سے سب سے زیادہ سلیقے سے برتا اور ایڈیٹر اور اخبار دونوں کی کم عمری کے باوجود سب سے زیادہ دیر پا اثر

چھوڑا۔

(بحوالہ: آزاد ایک صحافی، سہ ماہی اردو ادب، انجمن ترقی اردو ہند، ۱۹۵۹ء۔)

الہلال کا دور اول جولائی ۱۹۱۲ء تا ۱۹۱۴ء تک کے عرصے پر محیط ہے۔ دوسرے دور میں یہ "البلاغ" کے نام سے نکلا اور نومبر ۱۹۱۵ء سے مارچ ۱۹۱۶ء تک نکلتا رہا، پھر یہ بند ہو گیا۔ دورِ ثالث کا آغاز ۱۰/ جون ۱۹۲۷ء کو ہوا اور صرف چھ مہینے کے قلیل عرصے تک یہ پرچہ نکلا اور دسمبر ۱۹۲۷ء میں یہ ہمیشہ کے لیے بند ہو گیا۔

تیسرا دور جو محض چھ ماہ کی مدت پر مشتمل ہے، تاریخی، علمی، ادبی اور صحافتی نقطۂ نظر سے بڑی اہمیت کا حامل ہے۔ اس دور میں دعوت اور تحریک سے زیادہ علمی، ادبی اور تحقیقی مضامین شائع ہوئے۔ سیاسی مضامین کی تعداد کم اور علمی ادبی مباحث زیادہ تھے۔ تیسرے دور میں پچیس شمارے اور چوبیس اشاعتیں عمل میں آئی ہیں۔ طباعت اور کتابت کے لحاظ سے الہلال کا دور ثالث، اول اور دوم سے اعلیٰ پایہ کا ہے۔ الہلال (دور اول) اور البلاغ (دور ثانی) ٹائپ میں نکلتا تھا جبکہ الہلال (دور ثالث) لیتھو پر نکلتا تھا۔ یہی وجہ ہے کہ تقریباً اسی / نوے سال گزر جانے کے بعد آج بھی اس پرچے کے مضامین تاریخی اور ادبی اہمیت کے حامل ہیں۔

ایک بات ذہن میں رکھنے کی ہے کہ الہلال اور البلاغ عوامی پرچے نہیں تھے، ان کی حیثیت اخبار کی نہیں، جریدے کی تھی اور ان کے مخاطب عوام نہیں خواص تھے۔ الہلال ایک مصور پرچہ تھا۔ ڈاکٹر ابو سلمان شاہجہاں پوری لکھتے ہیں:

"اردو زبان کی ترقی اور لسانیات و اصطلاحات کے بارے میں 'لسان الصدق' نے جن خیالات کا اظہار کیا تھا اور جس تعمیر کی بنیاد ڈالی تھی، اس پر عمارت 'الہلال' نے کھڑی کی۔ اس بارے میں 'لسان الصدق' اور 'الہلال' ایک تحریک کے دور ادوار کے جلی عنوان

ہیں۔"

(بحوالہ: مولانا آزاد کی ادبی صحافت [الہلال و البلاغ کے خصوصی حوالے سے]، ۲۰۰۶ء، ڈاکٹر انوار احمد۔ ص:۳۰۱۔)

مجموعی طور پر ہم کہہ سکتے ہیں کہ الہلال اردو کا پہلا جریدہ تھا جس میں مشرق و سطی کے اسلامی ممالک کے ساتھ ساتھ یورپ اور افریقہ کی بھی سیاسی خبریں شائع ہوتی تھیں۔ الہلال نے اپنے قارئین کو پہلی دفعہ عالمی سیاسی تحریکات اور تاریخی شخصیات سے متعارف کروایا۔ عوام کے ذہن و فکر کی تشکیل اور سیرت کی تعمیر میں نمایاں رول ادا کیا۔ ایک منفرد خطیبانہ اسلوب بیان کی داغ بیل ڈالی، اردو زبان میں سینکڑوں نئے الفاظ و تراکیب کا اضافہ کیا، علمی اصطلاحات وضع کیں وغیرہ وغیرہ۔ یہی وجہ ہے کہ اخبار ہونے کے باوجود اردو کی ادبی صحافت کی تاریخ میں اس کا مرتبہ بہت بلند ہے۔

٭ ٭ ٭

ماخذ: اردو میں ادبی صحافت – ۱۹۳۵ سے ۱۹۶۰ تک (اہم رسائل کی روشنی میں)
(مقالہ پی۔ ایچ۔ ڈی برائے ۲۰۱۶ء)
نگران: پروفیسر قاضی جمال حسین، شعبۂ اردو علیگڑھ مسلم یونیورسٹی
مقالہ نگار: ڈاکٹر اکرم وارث (شعبۂ اردو علیگڑھ مسلم یونیورسٹی)

Al-Hilal, Maulana Abul Kalam Azad's prominent Journal.

(۷) کامریڈ: محمد علی جوہر کا ہفت روزہ اخبار

سید غلام ربانی

(پیش نظر مضمون نومبر ۱۹۷۵ء کے ماہنامہ "جامعہ" میں شائع ہو چکا ہے۔ جامعہ کے موجودہ 'مولانا محمد علی نمبر' کی مناسبت سے اس خصوصی شمارے میں دوبارہ شائع کیا جارہا ہے۔ تقریباً ڈھائی سال ہوئے فاضل مضمون نگار کا ۳۰/ ستمبر ۱۹۷۶ء کو تقریباً ۷۸ سال کی عمر میں حیدرآباد میں انتقال ہو گیا، مرحوم کے بارے میں اکتوبر ۱۹۷۷ء کے جامعہ میں ایک مضمون شائع ہوا ہے۔)

ساٹھ سال سے اوپر ہوئے، مسٹر محمد علی (اس وقت وہ مسٹر ہی کہلاتے تھے) کلکتہ سے دہلی آئے اور اپنے ساتھ اپنے کامریڈ کو بھی لائے۔ 'کامریڈ' ایک انگریزی ہفتہ وار اخبار تھا، بڑھیا کاغذ پر چھپتا تھا۔ اس کا معیار اتنا بلند تھا کہ انگلستان کے اخباروں کی ہمسری کرتا تھا۔ ملک میں اس کا مطالعہ ایک فیشن ہو گیا تھا۔ کالج کے طالب علم اپنی استعداد بڑھانے کے لئے اس کو پڑھتے تھے۔

کامریڈ کی "گپ" مشہور تھی۔ اس میں حالات حاضرہ پر طنز و مزاح کے پیرایہ میں تبصرہ ہوتا تھا۔ اس کے لکھنے والے ولایت علی بمبوق (وکیل بارہ بنکی) تھے۔ سروجنی دیوی اور سر نظامت جنگ کی نظمیں بھی اس اخبار میں چھپتی تھیں انگلستان میں اس کے خریدار دو تین سو تھے۔ آٹھ روپے سالانہ اس کا چندہ تھا، خریداروں کی تعداد آٹھ ہزار تھی، میں اس اخبار سے وابستہ تھا۔

ان دنوں جنگ بلقان زوروں پر تھی، بلقانی ریاستوں نے ترکوں کو نرغے میں لے لیا تھا۔ ملک کے مسلمانوں کو ترکوں سے ہمدردی تھی اس جنگ نے اور جوش پیدا کر دیا۔

مولانا محمد علی نے اخبار "ہمدرد" جاری کیا۔ اس کو انہوں نے ۲۲ / فروری ۱۹۱۲ء کے پہلے شمارہ کے افتتاحی مقالہ میں یوں بیان کیا ہے:

"ہمدرد جاری کرنے کا خیال کوئی فی البدیہہ نتیجہ فکر نہیں کہ وزن اور قافیہ کے قالب میں ڈھل کر ذرا دیر میں احباب کی مجلس میں ہل چل ڈال دے۔ کسی گھبرائے ہوئے دل کا عارضی جذبہ نہیں جسے قوت واہمہ پلک مارتے صورت کا لباس پہنا کر موجود کر دے، بلکہ یہ نتیجہ ہے اخباری دنیا میں عرصے تک رہ نوردی کرنے، سینکڑوں ٹھوکریں کھانے اور بہت سے نشیب و فراز دیکھنے کا، قوم کی زندگی کا خلوت کدوں سے لے کر بازاروں تک مطالعہ کرنے کا۔ ہم نے فیصلہ کیا تھا کہ قوم کے لئے ایک ایسا رفیق سفر تیار کریں جو منزل مقصود کو دور سے نہ دکھائے بلکہ گم گشتگان راہ کے ساتھ برہنہ پا ہو کر ایسے قصے کو پیدا کریں جو اصل داستان کو الف لیلہ کی طرح روز سنایا کرے اور جب تک قوم کی فلاکت اور نکبت ختم نہ ہو یہ داستان بھی ختم نہ ہو۔۔"

اب جاننے والے جانتے ہیں کہ جس غرض سے یہ اخبار جاری کیا گیا تھا، وہ کہاں تک پوری ہوئی یہ اخبار اس تیزی سے بڑھا کہ دیکھتے دیکھتے اس کی اشاعت پچیس ہزار پہنچ گئی جو اس زمانہ میں کسی اردو اخبار کے لئے ایک معراج تھی۔ اس کا سالانہ چندہ پندرہ روپے تھا اس نے مسلمانوں میں اخبار بینی کا شوق اور سیاسی شعور پیدا کیا۔ کامریڈ کی "گپ" کی طرح ہمدرد کا "تجاہل عامیانہ" مشہور تھا اس کو میر محفوظ علی بدایونی لکھتے تھے۔ مصر، فلسطین، شام اور ایران کے اخبارات دفتر میں آتے تھے ان کے اہم مضامین کے ترجمے ہمدرد میں چھپتے تھے۔

ہمدرد اور کامریڈ کے چیف ایڈیٹر مولانا محمد علی تھے۔ ان کے مددگاروں میں راجہ غلام حسین، سید جالب دہلوی، میر محفوظ علی بدایونی، قاضی عبدالعزیز، قاضی عبدالغفار،

عارف ہسوی، غلام محمد طور، ضیاء الدین برنی، قاری عباس حسین شامل تھے۔ سید ہاشمی فرید آبادی غیر ملکی اخباروں کے ترجمے کر کے دیتے تھے۔ مولوی عبد الحق صاحب کو بھی بلایا گیا تھا مگر وہ نہیں آئے۔ عملہ کے ارکان میں برادرانہ تعلقات تھے ایک دوسرے کو آدھے نام سے پکارتے تھے۔ عملہ ایک خاندان تھا جس میں محمد علی صاحب کی حیثیت صدر خاندان کی تھی۔ کبھی بیت بازی ہوتی تھی، چاندنی رات میں فالیز پر جاتے تھے، خربوزے اور تربوز کھائے جا رہے ہیں، اور مولانا شوکت علی سب کو ہنسا رہے ہیں۔

مولانا محمد علی جامع مسجد دہلی میں نماز کے بعد تقریر کیا کرتے تھے۔ دلی کے کمشنر نے ان کو منع کیا انہوں نے صاف کہہ دیا کہ اللہ کے گھر میں تقریر کرنے سے مجھے کوئی نہیں روک سکتا۔ ان کی تقریریں بہت جوشیلی ہوتی تھیں، لوگ شوق سے سنتے تھے، شہر میں وہ بہت مقبول ہو گئے اور یہیں سے ان کی لیڈری شروع ہو گئی۔

کامریڈ میں ٹرکش ریلیف فنڈ کھولا گیا، لوگوں میں اس قدر جوش تھا کہ روپے کی بارش ہونے لگی۔ انہی دنوں ترکی حکومت نے جنگ میں مالی امداد کے لئے پچاس لاکھ پونڈ کے قرض حسنہ کا اعلان کیا۔ ہمارے دفتر سے ترکی تمسکات بھی جاری ہوئے تھے۔ میں اس زمانہ میں ہمدرد اور کامریڈ کا خازن تھا۔

مولانا محمد علی نے ڈاکٹر انصاری کی قیادت میں ترکی کو طبی وفد روانہ کیا۔ اس وفد کی روانگی کا منظر دیکھنے کے قابل تھا۔ جامع مسجد دلی کے صحن میں جو مکبر ہے، اس کی سیڑھیوں پر وفد کے ارکان کھڑے ہوئے، سب فوجی وردی پہنے ہوئے تھے، ان کی ٹوپیوں پر ہلال احمر چمک رہا تھا۔ دلی والوں نے اللہ اکبر کے نعروں میں ان کو وداع کیا۔ اس وفد کے اخراجات کوئی چار لاکھ کے قریب ہوئے، جب یہ وفد واپس آیا تو اس کے حسابات کی جانچ مجھ سے ہی کرائی گئی تھی۔

کامریڈ کا دفتر کوچہ چیلان میں تھا، یہ ایک بہت بڑی دو منزلہ عمارت تھی، ایک حصے میں دفتر اور پریس تھا دوسرے حصہ میں مولانا محمد علی رہتے تھے۔

ایک دن ان کے ہاں کی ماما آئی اور مجھ سے کہا، بیگم صاحبہ (بیگم محمد علی) نے پچیس روپے منگائے ہیں صاحب کے سگار کے لئے۔ میں نے اس سے کہا بیگم صاحبہ کی چھٹی لاؤ، وہ چلی گئی، تھوڑی دیر میں پھر آ کے کہنے لگی، بیگم صاحبہ خفا ہو رہی ہیں، کہتی ہیں فوراً روپے لاؤ، میں نے پھر انکار کر دیا۔

انکار تو میں نے کر دیا مگر سوچنے لگا میاں بیوی کا معاملہ ہے، کہیں مولانا خفا نہ ہو جائیں۔ ان کا غصہ مشہور تھا۔ دوسرے دن دفتر میں بیٹھا کام کر رہا تھا کہ کسی نے پیچھے سے میرے کندھوں پر ہاتھ رکھ دیے اور زور سے دبایا، میں نے مڑ کر دیکھا تو مولانا محمد علی کھڑے مسکرا رہے تھے کہنے لگے:

"ربانی میں تم سے بہت خوش ہوا۔"

مجھے خوب یاد ہے، ایک دن شام کا وقت تھا مولانا نے اپنے کمرہ سے باہر آ کر پکارا محفوظ!

وہ اپنے کیبن سے نکل کر آئے، مولانا نے کہا بھئی، اب میں جلد گرفتار کر لیا جاؤں گا۔ بات یہ تھی کہ اس دن انہوں نے وہ معرکتہ الآراء مضمون لکھا تھا، جس کا عنوان "The Choice of the Turks" تھا اس میں ترکوں کو مشورہ دیا گیا تھا کہ وہ اتحادیوں کے خلاف جرمنی سے مل جائیں (یہ پہلی جنگ عظیم کی بات ہے)۔ کوئی دو ہفتے بعد ترکوں نے اتحادیوں کے خلاف اعلان جنگ کر دیا اور وہ جرمنی سے مل گئے۔ اب کیا تھا مولانا کو مہرولی میں نظر بند کر دیا گیا وہاں سے چھندواڑہ جیل پہنچا دئے گئے۔

اس طرح ہمدرد اور کامریڈ دونوں دم توڑ کر رہ گئے۔ مولانا نے صحافت کی جو بساط

بچھائی تھی وہ الٹ گئی اور تمام مہرے تتر بتر ہو گئے۔ بلامبالغہ کہا جا سکتا ہے کہ مولانا محمد علی کا دفتر صحافت کا ایک تربیتی ادارہ تھا چنانچہ ان کے مددگار اس فن میں پختہ ہو گئے تھے۔ بعضوں نے اپنے اپنے اخبار نکالے۔

سید جالب صاحب لکھنو پہنچے اور وہاں سے روزنامہ 'ہمدم' جاری کیا جو بہت مقبول ہوا۔ قاری عباس حسین ہمدرد میں کام کرتے تھے۔ انہوں نے لکھنو سے "تمدن" جاری کیا، قاضی عبدالغفار صاحب نے کلکتہ سے "صداقت" نکالا۔ پھر "جمہور" جاری کیا۔ آخر میں حیدرآباد سے "پیام" جاری کیا۔

راجہ غلام حسین کامریڈ کے سب ایڈیٹر تھے، ان کی عمر مشکل سے تیس سال ہو گی مگر صحافت میں ایک پیر طریقت تھے۔ مولانا محمد علی آخر میں بہت بڑے لیڈر بن گئے، ان کا زیادہ وقت قومی اور سیاسی کاموں میں صرف ہوتا تھا۔ کامریڈ کی ادارت کا زیادہ بوجھ راجہ صاحب کے کندھوں پر تھا۔ انہوں نے لکھنو سے "نیو ایرا" [New Era] نکالا، اس کے لئے روپیہ لکھنو کے سربر آوردہ حضرات نے دیا جس میں بڑی رقمیں وہاں کے ہندو وکیلوں اور بیرسٹروں نے دی تھیں، یہ اخبار کامریڈ کا جانشین تھا، وہی پالیسی، وہی ایڈیٹر اور وہی پڑھنے والے تھے۔ چنانچہ چند ہی مہینوں میں اس کی اشاعت ہزاروں تک پہنچ گئی۔ میں اس اخبار کا منیجر تھا، اس کی اٹھان غیر معمولی تھی، مقبولیت کا یہ حال تھا کہ ایک دفعہ اس کی اشاعت میں کچھ دیر ہو گئی تو مسز اینی بسنت نے راجہ صاحب کو خط لکھا:

"میرے پیارے بچے، تمہارا اخبار اب تک نہیں آیا، تم اچھے تو ہو؟"

سر اکبر حیدری نے ان کو حیدرآباد بلایا تھا مگر وہ 'نیو ایرا' چھوڑ کر نہیں جا سکے۔ ایک دن شام کے وقت راجہ صاحب "ہندوستانی" کے ایڈیٹر کے ساتھ باتیں کرتے رفاہ عام کلب سے آ رہے تھے، پیچھے سے ایک گھوڑا ٹم ٹم تڑا کر بھاگا آ رہا تھا، اس نے راجہ صاحب

کو اس زور کی ٹکر دی کہ وہ گر پڑے اور ایسے گرے کے پھر اٹھ نہ سکے۔ بے ہوشی کی حالت میں ان کو بلرام پور ہسپتال پہنچا دیا گیا۔ دوسرے دن الہ آباد اور کانپور کے کئی سرجن آئے۔ دلی سے ڈاکٹر انصاری بھی پہنچ گئے۔ سب نے کوشش کی مگر تقدیر سے کون لڑ سکتا ہے۔

آٹھ دن وہ ہسپتال میں بے ہوش رہے، لکھنو میں وہ بے حد مقبول تھے، دن بھر ہسپتال کا احاطہ لوگوں سے بھرا رہتا تھا، تین آدمی دن رات ان کے پاس رہتے تھے۔ ایک چودھری خلیق الزماں، دوسرے اسحاق علی علوی (ایڈیٹر الناظر) اور تیسرا راقم الحروف۔ آٹھویں دن وہ اللہ کو پیارے ہو گئے۔

اب سوال یہ تھا کہ 'نیو ایرا' کی ادارت کون سنبھالے؟ مولانا محمد علی اس وقت بیتول جیل میں تھے، انہوں نے کہلوایا کہ ڈاکٹر عبد الرحمن بجنوری کو بلا لیا جائے مگر بیگم صاحبہ بھوپال ان کو بہت عزیز رکھتی تھیں، وہ نہیں آ سکے۔ آخر کار شعیب قریشی نے اخبار کو سنبھالا۔ شعیب قریشی صاحب "ینگ انڈیا" کے چوتھے ایڈیٹر تھے جب گاندھی جی جیل میں تھے، انہوں نے بڑے سلیقہ سے کام شروع کیا۔ اس زمانے میں چودھری خلیق الزماں اور عبد الرحمن سندھی نے بڑی مدد کی، بلا معاوضہ کئی مہینے کام کرتے رہے۔

'نیو ایرا' کی اشاعت میں خوب اضافہ ہو رہا تھا مگر حکومت کی نظر میں یہ اخبار کھٹک رہا تھا، چنانچہ اس کی ضمانت ضبط ہو گئی اور اس طرح نیو ایرا کا گلا گھونٹ دیا گیا، یہ کامریڈ کی دوسری موت تھی۔

کچھ اہم تاریخی واقعات:

۱۔ ۱۴/ جنوری ۱۹۱۱ء کو بروز سنیچر کلکتہ سے کامریڈ کا پہلا شمارہ شائع ہوا۔

۲۔ ۱۴/ ستمبر ۱۹۱۲ء کو کامریڈ کا آخری شمارہ (جلد ۴ شمارہ ۱۱) شائع ہوا۔

۳۔ ۱۲؍ اکتوبر ۱۹۱۲ء کو دہلی سے پہلا شمارہ (جلد ۴ شمارہ ۱۲) شائع ہوا۔

۴۔ ستمبر ۱۹۱۴ء میں ضبطی ضمانت کی وجہ سے کامریڈ بند ہو گیا۔

۵۔ ۳۱/ اکتوبر ۱۹۲۴ء کو دہلی سے کامریڈ دوبارہ جاری ہوا۔

۶۔ ۲۲/ جنوری ۱۹۲۶ء کو ناقابل برداشت خسارے کی وجہ سے کامریڈ ہمیشہ کے لئے بند ہو گیا۔

***

ماخوذ: ماہنامہ جامعہ (مولانا محمد علی جوہر نمبر)

شمارہ: اپریل-۱۹۷۹ء۔ (جلد:۷۶-شمارہ:۳)

The Comrade, a weekly established in 1911 by Maulana Mohammad Ali Jouhar. By: G.D. Chandan.

(۸) اودھ اخبار کے آئینہ میں: عکس نول کشور

ڈاکٹر عشرت ناہید

اردو صحافت کی ترویج و ترقی میں جن مشاہیر ادب کا نام آتا ہے ان میں منشی نول کشور کا نام خاصی اہمیت کا حامل ہے۔ منشی نول کشور ایک ایسی شخصیت تھے جو تعصب سے پاک تھی وسیع المشربی، علم پروری اور ادب نوازی جن کا شیوہ تھی۔ اس کے ساتھ ہی عالی ہمتی جیسی نادر خصوصیت بھی انہیں اوروں سے منفرد کرتی ہے۔ ان کی انہی خوبیوں کا عکس ان کی صحافت میں بھی نمایاں نظر آتا ہے جن کا مختصر جائزہ میرے اس مقالے میں لیا گیا ہے۔

پنڈت نول کشور نے ویسے تو صحافت نگاری کی ابتدا کوہ نور اخبار سے وابستگی کے ساتھ کر دی تھی اس کے بعد سفیر میں بھی صحافتی خدمات انجام دی تھیں یعنی صحافت سے ان کا رشتہ کافی پرانا تھا لیکن صحیح معنوں میں ان کی صحافت اس وقت سامنے آتی ہے جب وہ ۱۸۵۸ میں کوٹھی مہاراجہ مان سنگھ بہادر لکھنؤ میں ایک مطبع خانہ قائم کرتے ہیں اور جہاں سے اودھ اخبار (اردو)، لکھنؤ ٹائمس (انگریزی) اور اودھ ریویو (اردو) میں جاری کرتے ہیں۔ لیکن ان اخباروں میں امتیازی حیثیت کا حامل اودھ اخبار ہی رہا جس کا اجرا ۲۶ نومبر ۱۸۵۸ میں اسی پریس سے عمل میں آیا۔ اودھ اخبار نے بتدریج ترقی کی منازل کچھ اس طرح طے کیں کہ اسے پنڈت نول کشور نے اسے پہلے پندرہ روزہ اخبار کے طور پر پیش کیا پھر ہفتہ وار شائع کیا جو کہ ہر چہار شنبہ کو نکلتا تھا بڑھتی مقبولیت کے باعث اسے ہفتہ

میں دو بار ۱۸۷۲ میں اور پھر ۱۸۷۶ میں ہر تیسرے دن نکالا جانے لگا صحافتی دنیا میں یہ اخبار اپنے معیار کی وجہ سے امتیازی حیثیت کا حامل بنتا گیا اور پھر ۱۸۷۷ میں اسے روزنامہ کر دیا گیا۔

اس اخبار کے پندرہ روزہ اور روزنامہ ہونے کے بارے میں محققین میں اختلافات پائے جاتے ہیں حسن ابرار اپنے ایک مضمون اردو صحافت کی عہد آفریں یادگار۔۔اودھ نامہ میں مستند حوالوں کے ساتھ لکھتے ہیں کہ

اودھ اخبار ابتدا میں پندرہ روزہ رہا پھر ہفتہ روزہ رہا بعد میں ہفتہ میں دو بار شائع ہونے لگا اس کے بعد روزنامہ ہو گیا۔ ا ۔

لیکن ڈاکٹر اکبر حیدری اس بات پر زور دیتے ہیں کہ یہ کبھی پندرہ روزہ رہا ہی نہیں چونکہ وہ یہ بات ۱۸۲۶ سے ۱۸۵۷ تک کی فائلیں دیکھنے کے بعد کہتے ہیں اس لیے ان کی بات زیادہ درست معلوم ہوتی ہے۔ ۲ ۔

اس اختلاف کے ضمن میں مشہور فرانسیسی مستشرق گارساں دتاسی کا خطبہ کا یہ اقتباس بھی کافی اہم ہے جو کہ صفحہ نمبر ۵۱۴ پر ہے وہ لکھتا ہے۔

یہ اخبار پچھلے سات سال سے نہایت کامیابی کے ساتھ نکل رہا ہے چنانچہ اس کی ہر اشاعت پچھلی ہر اشاعتوں سے بہتر نظر آتی ہے۔ اس کی تقطیع اور صفحات کی تعداد بھی بڑھتی جا رہی ہے یہ اخبار ہفتہ وار ہے اور ہر چار شنبہ کے روز شائع ہوتا ہے شروع شروع میں اس میں صرف چار صفحے ہوا کرتے تھے اور وہ بھی چھوٹی چھوٹی تقطیع پر۔ پھر چھ ہوئے اور پھر سولہ اور اب اڑتالیس صفحات پر مشتمل ہوتا ہے پہلے کے مقابلے میں اس کی تقطیع بڑی ہو گئی ہے۔ میرے خیال میں اس سے زیادہ ضخیم اخبار ہندوستان بھر میں اور کوئی نہیں ہے۔ ۳ ۔

گارساں دتاسی کے اس خطبے سے اس خیال کو تو تقویت ملتی ہے کہ یہ ہفتہ وار اخبار تھا مگر اخبارات کے صفحات کے بارے میں پھر سوال کھڑا ہو جاتا ہے کیونکہ یہ اخبار ۱۲ اور ۱۶ صفحات میں ہی شائع ہوتا رہا ہے ممکن ہے کوئی خاص نمبر گارساں دتاسی کی نظر سے گذرا ہو اور انہوں نے اسی کے حوالے سے یہ بات لکھ دی ہو۔

اودھ اخبار بڑی تقطیع پر ۱۱، ۱۴ کے سائز پر سہ کالمی ہوتا تھا اس کے پہلے صفحہ کی جاذب نظری کا خاص خیال رکھا جاتا تھا آغاز میں اس پر اشتہار ہوا کرتا تھا لیکن کچھ وقت کے بعد اس کی یہ ترتیب بدل دی گئی جنوری ۱۸۷۰ میں اس میں مینیجر شیو پرساد کی تحریر جو کہ اخبار کی افادیت کے بارے میں ہوتی تھی صفحہ اول پر چھپتی تھی ساتھ ہی ایک شعر بھی درج ہوا کرتا تھا جو کہ یہ تھا:

الٰہی جلوہ برق تجلی دہ زبانم را
قبول خاطر موسٰی کلاماں کن بیانم را

لیکن شعر کے اوپر لفظ اشتہار بھی لکھا ہوا ۲۸ اپریل ۱۸۷۰ کے ایک عکسی تصویر میں ملتا ہے جو کہ نیا دور کے نول کشور نمبر میں صفحہ نمبر ۲۰ پر ہے جسے راقمہ نے دیکھا ہے۔

منشی نول کشور نے اخبار کو ایک میعاری اخبار بنا کر پیش کیا تھا جس کے اصول انہوں نے خود متعین کیے تھے مضامین کی ترتیب کس طرح سے ہوگی، کس خبر کو کس طرح سیٹ کیا جائے گا اس پر وہ خاص نظر رکھتے تھے یہی وجہ رہی کہ کم عرصے میں ہی اخبار کی مقبولیت کا عالم یہ ہوا کہ اس کی تعداد اشاعت ۱۲ ہزار کو پہنچ گئی اور یہ نہ صرف ملک میں مقبول ہوا بلکہ بیرون ملک میں بھی اس کی رسائی ہوئی گارساں دتاسی کو یہ اخبار مسٹر ایڈورڈ ہنری پامر بھیجا کرتے تھے۔

اودھ اخبار میں اردو اخباروں سے ہی خبریں نہیں لی جاتی تھیں بلکہ گزٹ آف انڈیا، انڈین ڈیلی نیوز، فرینڈ آف انڈیا اور پائینیر جیسے انگریزی اخباروں ک خبریں اور اہم مضامین ترجمہ کرواکر شائع کیے جاتے تھے۔ پنڈت نول کشور نے بڑے بڑے شہروں میں اپنے نامہ نگار متعین کیے ہوئے تھے جس کی وجہ سے ملک کی اہم ترین خبریں شائع کرنے میں اس اخبار کو اولیت حاصل ہوئی ساتھ ہی بیرون ممالک کی خبریں بھی اس میں بروقت شائع ہوتی تھیں۔

عوام کو ان کے اخبار سے ملک اور بیرون ملک کی خبروں کے علاوہ رفاہ عامہ کی خبریں بھی برابر ملتی رہتی تھیں۔ ساتھ ہی اس میں سرکاری قوانین، احکامات، عدالتی کار وائیاں، ریلوے ٹائم ٹیبل وغیرہ کی اطلاعات بھی ہوتی تھیں جنہیں کبھی تو ترجمہ کرواکر اور کبھی ضرورت کے مطابق دیوناگری رسم خط میں ہی شائع کر دیا جاتا تھا۔

منشی نول کشور نے اس اخبار کے لیے اس وقت کے علماء اور فضلا کو یکجا کیا ہوا تھا مختلف ادوار میں مختلف نامور اہل قلم کی وابستگی نے اس کے میعار کو ہمیشہ قائم رکھا ان حضرات میں منشی امیر اللہ تسلیم، قدر بلگرامی، (شاگرد غالب) پنڈت رتن ناتھ سرشار نسیم دہلوی، شرر لکھنوی، مرزا حیرت دہلوی، شیو پرشاد، نوبت رائے نظر، دوارکا پرشاد افق، مرزا یاس یگانہ چنگیزی، پیارے لال شاکر، منشی پریم چند، شوکت تھانوی، امین سلونوی وغیرہ جیسے ادیبوں نے اپنی خدمات انجام دیں۔ جن کی کی صلاحیتوں نے اودھ اخبار کی بقامیں اہم ترین کردار ادا کیا۔

یہ اخبار ادبی خدمات کے لیے بھی یاد کیے جانے کا مستحق ہے کیونکہ نہ صرف یہ مطبع سے شائع ہونے والی کتابوں کا سب سے بڑا مشتہر تھا بلکہ علمی اور ادبی خبروں کا منبع بھی تھا یہی وجہ رہی کہ یہ عوامی اور ادبی حلقوں میں یکساں طور پر مقبول ہوتا رہا۔ غالب کے

خطوط سرسید کے مضامین اس کی زینت بنتے رہے، پنڈت رتن ناتھ سرشار کا ناول فسانہ آزاد اسی اخبار میں جب قسط وار شائع ہوا تو ناول اور اخبار دونوں کی شہرت بام عروج پر پہنچ گئی۔

پنڈت نول کشور ایک انسان دوست شخصیت کے مالک تھے اور ان کی اس خوبی کا مظاہرہ اخبار میں کچھ اس طرح نظر آتا تھا کہ جب بھی شہر میں کوئی نمایاں حیثیت کی حامل ادبی، سماجی سیاسی یا علمی شخصیت کی تشریف آوری ہوتی وہ اسے اپنے مطبع پر ضرور دعوت دیتے۔ ان کا تعارف اور دیگر تفصیلات اخبار میں شائع بھی کرتے۔ اسی طرح علمی ادبی اداروں کی جانب سے منعقد ادبی محفلوں، مجلسوں اور ثقافتی سرگرمیوں کی خبریں بھی برابر شائع کی جاتیں۔

نول کشور اردو زبان کے زبردست حامی تھے اور اسکی بقا کے لیے ہمہ وقت کوشاں بھی رہتے تھے وہ کہتے تھے اردو زبان ہندوؤں اور مسلمانوں کے باہمی اختلاط سے وجود میں آئی ہے اور اس میں دوسری زبانوں کے الفاظ با آسانی ضم ہو جاتے ہیں اس لیے یہ عدالتوں میں بھی مقبول ہے۔ وہ اپنے اخبار میں اپنے خیالات کا برملا اظہار بھی کرتے رہتے تھے۔ وہ اردو کے مخالفین کے مضامین اخبار مئں شائع کرتے اور پھر بھرپور استدلال کے ساتھ ان کے موقف کی تردید کرتے یہ ایک عالمانہ رویہ تھا اردو کی حمایت کا۔

اودھ اخبار کو نول کشور نے ہندو مسلم اتحاد کا ایک مثالی نمونہ بنا دیا تھا مسلمانوں اور ہندوؤں دونوں قوموں کے تہواروں کے موقع پر خاص نمبر بڑی تزئین کے ساتھ نکالا جاتا تھا۔ اس اخبار میں سماجی اصلاح ادب اور فنون کی ترقی و ترویج کے معاملات پر خصوصی توجہ دی جاتی تھی۔ اس اخبار کی خاص پالیسی تھی کہ ملک کی عوام کے لیے ہر مفید بات لکھی جائے۔ فرقہ واریت کی مخالفت اور اتحاد کی حمایت پر زور طریقے سے کی

جائے۔

ڈاکٹر عبد السلام خورشید اپنی کتاب صحافت ہند و پاک میں لکھتے ہیں:۔

اودھ اخبار ایک خالص غیر فرقہ وارانہ اخبار تھا بظاہر ٹیپ ٹاپ سے اور مضامین دیکھ کر کچھ یوں معلوم ہوتا ہے جیسے مسلمانوں کا اخبار تھا ۔۔۔اس کا کوئی خاص سیاسی مسلک نہ تھا ہمیشہ دامن بچا کر چلتا تھا۔۴؎

منشی نول کشور اپنے اخبار کے عملے کا بھی خاص خیال رکھتے تھے ان کے غم اور خوشی میں برابر شریک ہوتے۔ کسی کے بیمار ہو جانے پر خود عیادت کے لیے جاتے اس کا علاج و معالجہ کرواتے اس کی ضرورتوں کا خیال رکھتے۔ امین سلونوی ان کی ان صفات کا ذکر کرتے ہوئے اپنے ایک مضمون منشی نول کشور کی خدمات میں لکھتے ہیں کہ:۔

منشی نول کشور اپنے ادارے میں کام کرنے والوں سے بڑا شاہانہ سلوک کرتے تھے۔ مثلاً سنا ہے کہ رتن ناتھ سرشار کے لیے یہ انتظام تھا کہ وہ چاندنی راتوں میں دریائے گومتی کے کنارے بیٹھ کر اپنی تخلیقات سپرد قلم کریں۔ وہاں جس چیز کی خواہش انہیں ہوتی وہ مہیا کی جاتی۔۵؎

قصہ مختصر اودھ اخبار کے ذریعے منشی نول کشور نے اپنی حیات کے آخری لمحوں تک اردو صحافت کی خدمات انجام دیں اور ان کا یہ اخبار بھی اپنی شاندار روایت کے ساتھ ۹۲ سال تک پوری آب و تاب کے ساتھ جاری رہا بالآخر وارثان مطبع کے باہمی نزاع کی بنا پر ۵۰۔۱۹۴۹ میں اردو صحافت کا ایک اہم باب بند ہو گیا۔

حواشی

ا: نیا دور۔۔نول کشور نمبر نومبر دسمبر ۱۹۸۰: ص۔۴۰

۲: ڈاکٹر اکبر حیدری: منشی نول کشور اور اودھ اخبار، نیا دور نول کشور نمبر نومبر دسمبر

۱۹۸۰ جلد، ۳۵، شمارہ ۹،۸۔ ص: ۲۳

۳: خطبہ گارساں دتاسی دسمبر ۱۸۶۶ ص: ۵۱۴

۴: ڈاکٹر عبد السلام خورشید: صحافت ہند وپاک: ص۔ ۱۸۱

۵: امین سلونوی: منشی نول کشور کی خدمات، نیادور نول کشور نمبر نومبر دسمبر ۱۹۸۰ جلد ۳۵، شمارہ ۹،۸۔ ص: ۱۶۱

***

Munshi Newal Kishore and Avadh newspaper. By: Dr. Ishrat Naheed

(۹) اردو ہفت روزہ نشیمن بنگلور کا اختتام

شیخ امتیاز احمد

سن ۱۹۶۱ سے صحافتی میدان میں معیاری صحافت کے ساتھ اپنی خدمات انجام دینے والا ہندوستان کا معروف ہفت روزہ "نشیمن (بنگلور)" اب بند ہو چکا ہے۔ بروز اتوار ۱۵/ ستمبر/ ۲۰۱۳ کا شمارہ اس مشہور ہفت روزہ کا آخری شمارہ تھا۔

یقیناً یہ خبر اردو داں طبقہ کے لیے افسوسناک ہے۔ ایک ایسے وقت میں جبکہ حالات حاضرہ پر میڈیا اثر انداز ہے اور معیاری اخبارات عوامی سوچ و فکر کو راہ دینے میں بنیادی کردار ادا کر رہے ہیں، نشیمن جیسے قدیم اخبار کا بند ہو جانا اردو صحافت کا ایک بہت بڑا نقصان ہے۔ اس کے مدیر اعلیٰ مرحوم عثمان اسد نے انتہائی صبر آزما اور آزمائشی حالات میں اس اخبار کی بنیاد ڈالی تھی اور دیکھتے ہی دیکھتے اپنی محنت لگن اور جستجو سے ملک بھر میں اسے ایک نمایاں مقام دلانے میں کامیابی حاصل کی۔ مرحوم عثمان اسد حالات حاضرہ کے نباض تھے۔ ملک کی سیاست ہو، سماجی حالات ہوں، معاشی حالات ہوں یا بین الاقوامی حالات۔۔۔۔ ان تمام پر موصوف کی گہری نظر تھی۔

"نشیمن" اخبار کی سب سے بڑی خوبی یہ رہی کہ خبر برائے خبر تک محدود نہ رہتے ہوئے سبق آموز اور تعمیری صحافت کا مشن اپنایا۔ اپنے تجزیے اپنے تبصروں کے ذریعے "نشیمن" نے عوام کو تعمیری سوچ و فکر دینے کی بھر پور کوشش کی۔ دلچسپ بات یہ ہے کہ ۱۹۶۱ کے بعد سے "نشیمن" بے شمار نشیب و فراز سے گزرا لیکن اس کا معیار صحافت اور

مخصوص پیٹرن اپنی جگہ قائم رہا اگر چیکہ موجودہ حالات میں نوجوان نسل اس سے مانوس نہ تھی لیکن یہ بھی حقیقت ہے کہ ملک کے ہر شہر ہر دیہات میں مخصوص عمر کے افراد اس کے قاری تھے اور وہ "نشیمن" کو انتہائی بے چینی کے ساتھ حاصل کر کے اس کا مطالعہ کیا کرتے۔

"نشیمن" کے اداریے بھی جہاں ایک جانب سبق آموز ہوتے تو ساتھ ہی اس کے مختلف کالم "تھپڑاخیں" معیاری تبصروں اور تجزیوں سے بھرپور ہوتا۔ "نشیمن" کی خاص بات یہ رہی کہ اس نے اپنے قارئین کو اپنے صحافتی معیار اور سبق آموز تجزیوں، بہترین معلومات مواد کے ذریعے باندھے رکھا اور محض دو رنگوں میں عام کاغذ پر شائع ہو کر بھی یہ اخبار لوگوں کا محبوب رہا۔ جبکہ اس کے بالمقابل انتہائی قیمتی کاغذ پر ملٹی کلر ہفتہ روزہ اخبارات کی اشاعت ہوتی رہی لیکن یہ کہا جاسکتا ہے کہ ان میں سے کوئی بھی اخبار "نشیمن" کو مات نہیں دے سکا اور "نشیمن" کسی چٹان کی طرح میدانِ صحافت میں کھڑا رہا۔

قارئین اردو اخبار، اردو صحافت ملک میں سنگین مسائل اور چیلنجیز سے دوچار ہے۔ اشتہارات سے لے کر اشاعت تک قدم قدم پر اردو اخبارات کو گوناگوں چیلنجز و مسائل کا سامنا ہے اور آج "نشیمن" اپنے مدیران میں سے نائب مدیر اعلیٰ شاہ امیر اللہ نظامی کی ۹/ستمبر/۲۰۱۳ کی وفات کے بعد ان چیلنجز کا مقابلہ کرنے کا متحمل نہ ہو سکا اور یہ افسوسناک خبر خود اس اخبار کے ۱۵/ستمبر/۲۰۱۳ کے شمارے میں شائع ہوئی کہ۔۔۔

"نشیمن" اخبار کا یہ آخری شمارہ ہے، قارئین کو اطلاع دی جاتی ہے کہ ۱۵۔ ستمبر ۲۰۱۳ء نشیمن کا آخری شمارہ ہے، اس کے بعد نشیمن شائع نہیں ہو گا۔

ہم سمجھتے ہیں کہ نصف صدی تک صحافتی میدان میں کامیابی کا سفر طے کرنے کے بعد "نشیمن" اخبار کا بند ہونا کسی مخصوص گھرانے کا نقصان نہیں بلکہ یہ پوری ملت کا صحافتی نقصان ہے۔

❊ ❊ ❊

Urdu weekly "Nasheeman" (Bangalore) is closed now

(۱۰) بچوں کے اردو رسائل و اخبارات : ایک اجمالی جائزہ

شاہد زبیری

زبان کوئی بھی ہو، اس کا تعلق دنیا کے کسی بھی خطے اور علاقے سے ہو، ادب کے حوالے سے ہر زبان کی گود میں بچوں کے لئے قصے کہانیوں کی ایک دنیا آباد ہے اور اس دنیا میں شاعری کا بھی ایک خزانہ موجود ہے جو کتابی شکل میں بھی ہے، اخبارات و رسائل کی صورت میں بھی اور کامکس وغیرہ ے روپ میں بھی۔ اگر ہم رسائل اور اخبارات کی بات کریں تو اردو کا دامن اس سے خالی نہیں ہے۔ ہر چند کے بچوں کے لئے لکھنے والے اردو میں نایاب نہیں، کمیاب ضرور ہوتے جا رہے ہیں، جو بچوں کے لئے مسلسل لکھتے رہے ہیں، ان میں سے زیادہ تر کو اللہ میاں نے اپنے پاس بلا لیا ہے۔

کسی نے صحیح کہا ہے کہ بچوں کے لئے لکھنا کوئی بچوں کا کھیل نہیں ہے لیکن پھر بھی لوگوں نے اس مشکل کھیل کو کھیلا اور خوب کھیلا جس کی پذیرائی بھی ایک زمانے میں خوب ہوئی مگر بچوں کی حصہ داری اردو ادب میں کم ہو رہی ہے، اس کا دائرہ دن بدن سمٹتا سکڑتا جا رہا ہے، جو ادارے یا افراد خاص بچوں کے لئے رسائل اور میگزینس نکال رہے ہیں، ان کو پاپڑ بیلنے پڑ رہے ہیں اور جو بچوں کے لئے لکھ رہے ہیں ان کو شکایت ہے کہ پڑھنے والے کم ہو رہے ہیں۔ ہمارے دیکھتے دیکھتے یا تو بچوں کے کئی رسالے بند ہو گئے یا ان اکی اشاعت بتدریج کم ہو رہی ہے۔ ابھی کل کی بات ہے کہ یونس دہلوی کا کھلونا، بچوں کا دل بہلاتا تھا۔ وہ بے رحم وقت کے ہاتھوں ٹوٹ گیا۔ اس کی بڑی وجہ اردو زبان کی

زبوں حالی ہے۔ ہماری پوری ایک نسل اردو کے حوالے سے گونگی ہوتی جارہی ہے۔

شمالی ہند تو اردو کی حالت کسی سے پوشیدہ نہیں ہے۔ یہ سب کچھ یوں ہی نہیں ہو گیا۔ غیروں سے زیادہ اردو کا دم بھرنے والوں کے ہاتھوں ہی اردو بے دم ہو رہی ہے۔ اس بات سے کوئی اتفاق کرے یا نہ کرے، زمینی حقیقت یہی ہے۔ ہم دیکھتے ہیں کہ شہر در شہر مشاعروں کی دھوم ہے اور سمینار بھی ہوتے رہتے ہیں لیکن ان میں کتنے سمینار ایسے ہیں جن میں بچوں کے ادب، شاعری اور صحافت پر گفتگو ہوتی ہو؟ یہی نہیں، ہم اپنے بچوں کے لئے اردو کی تعلیم کا کتنا بندوبست کرتے ہیں، ان کو اردو کی تعلیم ملے، اس کی ہم کو کتنی فکر ہے، یہ آپ اور ہم بخوبی جانتے ہیں۔ کہنے کو تو ہندوستان کے دل دلی میں چلڈرنس بک ٹرسٹ ہے۔ یہ ٹرسٹ تیس سے زیادہ زبانوں میں بچوں کے لئے کتابیں شائع کرتا ہے۔ یہ نہیں معلوم کہ اس ٹرسٹ سے اردو میں کتنی کتابیں شائع ہوئی ہیں۔

اردو میں بچوں کی صحافت کی اگر بات کریں تو مولوی محبوب عالم نے ۲ مئی ۱۸۹۹ء کو اپنا مشہور روزنامہ اخبار پیسہ لاہور کا ایڈیشن بند کرنے کے بعد بچوں کا اخبار کے نام سے اردو اں کار نکالا اور صحافت میں بچوں کو جگہ دی تھی۔ یہ تحقیق طلب ہے کہ اس سے پہلے بھی اردو صحافت میں بچوں کے ادب کو جگہ ملتی تھی کہ نہیں۔

۲۰۱۳ء میں راقم الحروف پاکستان گیا تھا تو لاہور کے پاک ٹی ہاؤس میں جانا رہا۔ وہاں اردو کی کئی نامور شخصیات سے ملاقات کا شرف بھی حاصل ہوا۔ ایک صاحب ہیں شبیر میواتی۔ یہ صاحب چلتی پھرتی لائبریری ہیں اور پاکستان کے علمی اور ادبی حلقوں میں عزت و احترام سے دیکھے جاتے ہیں۔ ایک صاحب ڈاکٹر رفاقت علی شاہد ہیں جو پنجاب یونیورسٹی لاہور میں اردو کے پروفیسر ہیں اور پاکستان کے علمی ادبی مجلہ مباحث کے معاون مدیر ہیں۔ یہ مجلہ اردو کے ممتاز ادیب اور نقاد ڈاکٹر تحسین فراقی کی ادارت میں لاہور سے

شائع ہوتا ہے۔ ان دو حضرات کے ذریعہ لاہور میں کئی علمی ادبی شخصیات تک رسائی حاصل ہوئی اور ہندوپاک میں اردو کے حوالے سے گفتگو رہی۔

بات بچوں کے ادب کی بھی آئی تو معلوم ہوا کہ بچوں کے حوالے سے پاکستان میں کافی کام کیا گیا ہے اور کیا جارہا ہے۔ اسلام آباد میں الدعوہ اکیڈمی کے نام سے ایک اسلامی یونیورسٹی ہے جس میں بچوں کے ادب کا ایک پورا شعبہ قائم ہے اور ڈاکٹر محمد افتخار کھوکر اس کے نگراں ہیں۔ اس شعبے سے اردو صحافت میں بچوں کے لئے کافی تحقیقی کام ہوا ہے، خاص طور پر بچوں کی اسلامی تربیت اور ذہن سازی کے لئے نکالے گئے رسائل کے حوالے سے بچوں کے اخبارات اور رسائل کی ایک خاص لائبریری لاہور کے نزدیکی شہر گوجرانوالہ میں عبدالحمید کھوکر کے نام پر ہے، جس میں برصغیر سے شائع ہونے والے بچوں کے رسائل اور اخبارات کا ایک بڑا ذخیرہ موجود ہے اور عبدالحمید کھوکر کے صاحبزادے ضیاء اللہ کھوکر نے اردو میں بچوں کی صحافت کے سو سال کے نام سے عبدالحمید کھوکر لائبریری میں موجود دو سو کے قریب رسائل اور اخبارات کی فہرست شائع کی ہے جن میں ہندوپاک کے ۱۹۰۲ء سے ۲۰۰۲ء تک کے رسائل اور اخبارات کے نام ایڈیٹر کا نام اور سنہ اشاعت دیا گیا ہے، خاص بات یہ ہے کہ ہندوستان کے ممتاز ادبی رسالے، شاعر ممبئی نے جون ۲۰۰۳ء میں بچوں کے ادب پر ایک خاص نمبر نکالا تھا، جس میں ضیاء اللہ کھوکر کا مضمون بطور خاص شامل تھا جس میں ہندوستان کے ۳۰ کے قریب بچوں کے رسائل اور اخبارات بھی شامل ہیں۔ جب بھی بچوں کے رسائل اور اخبارات کا ذکر کیا جاتا ہے یا اردو میں بچوں کی صحافت کی بات آتی ہے اس فہرست کا ذکر کیا جاتا ہے۔ اگر سنہ اشاعت کی ترتیب سے دیکھیں تو منشی مولوی محبوب عالم کا بچوں کا اخبار لاہور ۱۹۰۲ء میں پہلا اخبار ہے جو ۱۹۱۲ء تک شائع ہوتا رہا۔

اس کے علاوہ بنت، نذر الباقر کا، پھول ۱۹۰۹ء اکتوبر لاہور، مولوی فاضل محمد، عبدالرب کوکب کا ماہنامہ، اتالیق ۱۹۱۷ء حیدر آباد دکن، عزیز بی اے کا ہفت روزہ 'غنچہ' بجنور ۱۹۲۲ء، حکیم احمد شجاع کا ہفت روزہ نونہال جولائی ۱۹۲۲ء، زیر سرپستی نوح ناروی ماہنامہ 'گلدستہ' ۱۹۲۲ء ماہنامہ 'متعلم' ۱۹۲۴ء، خلیق احمد خلیق صدیقی سہارنپوری کا ماہنامہ 'پیام تعلیم'، نئی دہلی اپریل ۱۹۲۶، تاجور نجیب آبادی کا ہفت روزہ 'پریم' لاہور اپریل ۱۹۲۶ء، بدیع الزماں اعظمی کا ماہنامہ 'عزیز' گورکھپور ۱۹۳۰، کندن لال ایم اے کا ماہنامہ 'رتن' جموں، ۱۹۳۲، میاں عبدالحمید بھٹی کا ہفت روزہ 'ہونہار' لاہور جنوری ۱۹۳۶، معین الدین انصاری کا ماہنامہ 'سب رس' حیدر آباد جنوری ۱۹۳۸، اکرم بی اے کا ہفت روزہ 'ہدایت' لاہور ۱۹۳۸، یونس دہلوی ادریس دہلوی کا 'کھلونا' دہلی ۱۹۴۸، ڈاکٹر عبدالوحید کا ماہنامہ 'تعلیم و تربیت' مارچ ۱۹۴۱، ابو سلیم محمد عبدالحئ کا پندرہ روزہ 'نور' رامپور ۱۹۵۲، حفیظ الرحمن انصاری کا ماہنامہ 'اردو کومک' مالیگاؤں جنوری ۱۹۶۶، محمد فاروق دانش کا ماہنامہ 'بھائی جان' حیدر آباد ستمبر ۱۹۸۲ء، ان صاحب نے ایک اور ماہنامہ بچوں کا میگزین حیدر آباد بھی نکالا تھا جس کے مدیر اعزازی میں رفیق بھیا کا نام ہے۔

اردو اکادمی دہلی کا ماہنامہ 'امنگ' نئی دہلی ۱۹۸۷ء، تنویر احمد کا "نرالی دنیا" نئی دہلی ۱۹۹۲، مولانا سراج الدین ندوی کا ماہنامہ 'اچھا ساتھی' بجنور نومبر ۱۹۹۳، نوشابہ کلیم کا ماہنامہ " بچوں کی دنیا" گیا بہار نومبر ۱۹۹۳، ایم اے کریمی کا ماہنامہ 'اطفال ادب' گیا بہور جنوری ۱۹۹۸، نعیم احمد آکاش کا ماہنامہ تعلیم نو حیدر آباد اپریل ۲۰۰۰ کا ذکر ضیاء الدین کھوکر کی فہرست میں شامل ہے۔ مولانا امداد صابری کی تاریخ صحافت اردو کی جلد سوم میں جہاں منشوی مولوی محبوب عالم کے بچوں کا اخبار کا ذکر ملتا ہے، جلد پنجم میں مرزا احمد اللہ بیگ کے ادیب الاطفال حیدر آباد اگست ۱۹۱۱ اور ماہنامہ 'ہمجولی' اگست کا ذکر بھی ہے۔

باقی جلدیں نہیں دیکھی ہیں، اس لئے نہیں معلوم ان میں بچوں کے اور کتنے رسائل کا ذکر انہوں نے کیا ہے۔ سعادت حسن منٹو نے بھی بچوں کا رسالہ 'زخمہ' امرتسر سے نکالا تھا۔ ۱۹۴۷ میں اس کا ہولی نمبر بھی نکلا تھا۔ اس کے راوی معروف قلمکار انور علی جامعی ایڈوکیٹ ہیں۔

حال فی الحال میں اردو کے جو روزنامے نکل رہے ہیں، خواہ وہ دہلی کے روزنامے ہوں یا ملک کی دوسری ریاستوں کے روزنامے، ان سب روز ناموں میں ہفتہ واری ضمیموں میں بچوں کی شاعری، کہانیاں اور بچوں کی دلچسپی کی دوسری چیزیں کارٹون وغیرہ شائع کی جاتی ہیں۔ اردو کے نامساعد حالات میں بھی ایک خوش آئند بات یہ ہے کہ قصے کہانیوں اور شعروشاعری سے آگے اب بچوں کے کامکس وغیرہ بھی سامنے آرہے ہیں۔

اردو میں بچوں کے لئے لکھنے والوں کی ایک کہکشاں ہے جن کے قلم سے بچوں کے لئے نثری ادب میں جہاں کہانیاں اور قصے بے شمار لکھے گئے، شعری ادب میں بھی مالا مال رہا۔ بچوں کے لئے موضوعاتی نظمیں لکھی گئیں۔ یہ سلسلہ کم وبیش آج بھی جاری ہے جس کے گواہ بچوں کے رسائل اور اخبارات کے علاوہ درسی اور غیر درسی کتابیں ہیں۔ بچوں کے لئے جنہوں نے لکھا، ان کی ایک طویل فہرست ہے۔ ان میں میر وغالب اور اقبال کے علاوہ الطاف حسین حالی اور نظیر اکبر آبادی، اسماعیل میرٹھی، منشی پریم چند، ڈاکٹر ذاکر حسین، کرشن چندر، سعادت حسن منٹو، اختر شیرانی، افسر میرٹھی، حامد اللہ افسر، اطہر پرویز، خواجہ مشتاق، شفیع الدین نیر، رام لعل، پریم پال اشک، سراج انور، اظہار اثر اور ضمیر درویش کے علاوہ خواتین میں صالحہ عابد حسین، عصمت چغتائی، جیلانی بانو، واجدہ تبسم، قدسیہ زیدی، مسرور جہاں، اس طویل فہرست کے مشہور و معروف نام ہیں، جن کے قلم سے رسائل واخبارات کے علاقہ کتابوں میں بچوں کے لیے نثری اور شعری ادب

کی قندیلیں روشن نظر آتی ہیں۔

ہر چند کہ آج بچوں کے رسائل کی صورت حال تسلی بخش نہیں ہے لیکن اردو کی بحیثیت زبان موجودہ صورت حال جیسی بھی ہو ہمیں اس میں بچوں کی ضرورتوں کا بھی خیال رکھنا چاہئے ، اور بچوں کے لئے لکھنے والے قلم کاروں کی حوصلہ افزائی اور عزت افزائی کرنی چاہئے تاکہ نئے لکھنے والے بھی سامنے آئیں اور اس حوالے سے گاہے بہ گاہے سیمنار بھی ہوتے رہیں اور ہر سال یہ جائزہ لیا جاتا رہے کہ ایک سال میں موضوع کے لحاظ سے کتنا اور کیسا بچوں کے لئے لکھا گیا ہے۔ بچوں کے ادب پر تحقیقی کام کہاں اور کیسا ہو رہا ہے اور کس معیار کا ہے اور آج کے بدلتے حالات اور ڈیجیٹل ایج میں بچوں کی نفسیات کو ملحوظ رکھ کر دوسری زبانوں کے مقابلے کتنا ادب تخلیق ہو رہا ہے ، اور اس کے امکانات کتنے روشن ہیں؟ لیکن یہ سب کام اسی وقت بہتر نتائج کا ضامن بن سکتا ہے جب اردو کی درس و تدریس کا معقول نظم ہو، اس کے بغیر زبانیں زندہ نہیں رہتیں۔ سنسکرت کی مثال ہمارے سامنے ہے جو اب کلاسیکل زبان تو ہے، عوام سے اس کا کوئی رشتہ باقی نہیں رہا۔ اردو سخت جان ہے، ابھی تو جھیل رہی ہے اور اپنی زندگی کا ثبوت دے رہی ہے لیکن اگر ایک دو نسلیں اردو کی درس و تدریس سے محروم رہیں تو اردو ہمارے ماحول میں بالکل اجنبی بن جائے گی اور جو حال فارسی زبان کا ہوا ہے، اردو کا بھی ہو جائے تو کوئی تعجب کی بات نہیں ہو گی۔

***

Children's Urdu Magazines and Newspapers - An Overview.

By: Shahid Zuberi

(۱۱) مولانا محمد عثمان فارقلیط کے منتخب اداریے

فاروق ارگلی

کتاب: مولانا محمد عثمان فارقلیط کے منتخب اداریے

صفحات: ۳۰۸/ قیمت: ۳۵۰ روپے

مطبوعہ: ایجوکیشنل پبلشنگ ہاؤس، دہلی۔

مرتب: سہیل انجم / مبصر: فاروق ارگلی

مولانا محمد عثمان فارقلیط ایک ایسے مایۂ ناز صحافی، مفکر، ادیب اور ذہن ساز رہنما تھے جن کی مثال آزاد ہندوستان کی ملّی تاریخ میں ملنی مشکل ہے۔ انھوں نے پچیس برسوں تک روزنامہ "الجمعیۃ" کے چیف ایڈیٹر کی حیثیت سے اردو صحافت کی تاریخ میں اپنی علمی عبقریت، فکری صلاحیت، ملی جذبے کی شدت، زبان و بیان کی لطافت و حلاوت اور تحریر کی صلابت کے ایسے روشن نقوش لوح زمانہ پر مرتسم کیے جنھیں کبھی مٹایا اور بھلایا نہیں جاسکے گا۔ لیکن یہ ہماری بد قسمتی ہے کہ ہم نے ان کے عدیم المثال اور لازوال کارنامے کو یاد کرنے کی کبھی زحمت ہی نہیں اٹھائی۔ انھوں نے جس ملتِ یتیم کے لیے اپنے جسم کا ایک ایک قطرۂ خوں بہادیا اور اپنی ہڈیوں کو مٹی کی مانند گلا دیا اس ملت کے کسی فرد کو بھی انھیں یاد کرنے کی توفیق نصیب نہیں ہوئی۔ اگر مولانا فارقلیط کسی دوسری قوم کے سپوت ہوتے تو ان کی اتنی یادگاریں قائم ہوگئی ہوتیں کہ دنیا رشک کرتی۔ قابل مبارکباد ہیں سینئر صحافی اور محقق ادیب سہیل انجم جنھوں نے مولانا فارقلیط پر پہلے ایک

یادگاری مجلہ، اس کے بعد ان کی حیات و خدمات پر ایک بھرپور کتاب اور اب ان کے اداریوں کا انتخاب شائع کر کے ملت اسلامیہ کی جانب سے فرض کفایہ ادا کر دیا ہے۔ یہ ان کا ایک ایسا قابل فخر کارنامہ ہے جس کی داد انھیں دی جانی چاہیے۔

سابقہ کتاب میں سہیل انجم نے مولانا کی شخصیت اور ان کی صحافتی و ملی خدمات پر مشاہیر علم و ادب کے مضامین اور مولانا کے کچھ اداریے شامل کیے تھے۔ لیکن زیر تبصرہ کتاب میں صرف پانچ شخصیات کے مضامین ہیں۔ اس کے بعد پوری کتاب مولانا کے اداریوں پر مشتمل ہے۔ پہلی کتاب جب شائع ہوئی تو اس کی علمی حلقوں میں بڑی پذیرائی ہوئی۔ بہت سے اخباروں اور رسالوں میں اس پر تبصراتی مضامین شائع کیے گئے۔ راقم الحروف نے بھی اس کتاب کی روشنی میں مولانا محمد عثمان فارقلیط پر ایک تفصیلی مضمون قلمبند کیا تھا۔ جن لوگوں نے الجمعیۃ اور دوسرے اخباروں میں مولانا کے مضامین اور اداریے پڑھے تھے ان کے لیے وہ کتاب ایک نعمت غیر مترقبہ تھی۔ اس کے توسط سے بہت سی پرانی یادوں کے چراغ روشن ہو گئے۔

مداحانِ فارقلیط کا سہیل انجم سے مسلسل یہ تقاضہ تھا کہ وہ ان کے اداریے بھی شائع کریں۔ اس پذیرائی اور قبولیت نے سہیل انجم کے حوصلوں کو پر لگا دیے اور انھوں نے مولانا کے اداریے حاصل اور اکٹھے کرنے شروع کر دیے۔ اس میں ان کو خاصی مشقت کرنی پڑی۔ لیکن کوئی بھی اچھا کام بغیر مشقت کے نہیں ہوتا اور کوئی بھی نقش خونِ جگر کے بغیر لازوال نہیں بنتا۔ لہٰذا انھوں نے دقت نظر، سخت کوشی اور جگر کاوی سے کام لیتے ہوئے بے شمار اداریے حاصل کر لیے۔ اس کے بعد خونِ جگر جلانے کا ایک اور مرحلہ آیا۔ یعنی انھوں نے مولانا کے اداریوں کو ایسے ہی کتابی شکل نہیں دے دی۔ بلکہ صحافتی، علمی اور تحقیقی فنکاری کا ثبوت دیتے ہوئے ان اداریوں کو موضوعات کے

اعتبار سے مختلف عنوانات کے تحت تقسیم کر دیا۔ اس طرح انھوں نے آٹھ ابواب قائم کیے اور ہر باب کے تحت مولانا کے اداریے شامل کیے۔

یہ ابواب ہیں: مسلمانوں سے خطاب، عالم اسلام، فرقہ وارانہ فسادات، اخبارات کا رول اور رویہ، ہندو مسلم اتحاد اور قومی یکجہتی، اردو کا مسئلہ، سنگھ پریوار اور ہند پاک تعلقات۔ پہلے باب میں ۴۰ اداریے، دوسرے باب میں ۱۶، تیسرے میں ۴۹، چوتھے میں ۱۰، پانچویں میں ۱۷، چھٹے میں ۲۱، ساتویں میں ۷ اور آٹھویں باب میں ۸ اداریے شامل ہیں۔ اس طرح اس کتاب میں کل ۱۶۸ اداریے شامل ہیں۔ اداریوں کے کچھ عنوانات ملاحظ فرمائیں: ہمارا مستقبل، سوچنے اور سمجھنے کا وقت، مولانا آزاد کی حقیقی یادگار، مسجدوں کا احترام پہلے خود کرو، مسلمان مشتعل نہ ہوں، تعلیم کی طرف آنا ہوگا، مذہب کے نام پر افیون کی تجارت، یہ خواب خرگوش کب تک، وہ تو کرو جو کر سکتے ہو، مسلمان احساس عمل سے بیگانہ نہیں، خوشی کو فکر مندی نہ بناؤ، عرب ممالک اور اسرائیل، عرب ممالک اور اسرائیلی جاسوس، فساد کا رخ مسلمانوں کی طرف موڑ دو، جبلپور ایک شمشان بھومی، کلکتہ کے بعد خدا خیر کرے، میرٹھ کا امن خطرے میں، فسادات میرٹھ کی تحقیقات، مسلم کشی پر ماتم سرائی کب تک، میرٹھ میں پھر گرفتاریوں کا چکر، اندور کا فساد، پولیس کا اقلیت دشمن رویہ، ان آتش کدوں کو ٹھنڈا کرو، فسطائی اخبارات اور مسلمان، اردو زبان کے دشمن، اردو اور اترپردیش، مردم شماری اور اردو، اردو کتابوں کا فقدان، جن سنگھیوں کی بلبلاہٹ، ہندپاک دوستی، یہ کڑوا گھونٹ بھی پی لو وغیرہ وغیرہ۔

مولانا فارقلیط کے اداریے اپنی جگہ پر بہت اہمیت رکھتے ہی ہیں لیکن سہیل انجم نے ان کو ابواب کے تحت تقسیم کر کے ان کو اور اہم اور با معنی بنا دیا ہے۔ کتاب کے قاری کو یہ آسانی فراہم ہوگئی ہے کہ وہ جس موضوع کے تحت مولانا کے اداریے پڑھنا

چاہے تلاش کر کے پڑھ سکتا ہے۔ اس سلیقے نے کتاب کی اہمیت اور افادیت میں زبردست اضافہ کر دیا ہے۔ مولانا فارقلیط نے اداریے اور مضامین نصف صدی قبل لکھے تھے لیکن ان کی دور اندیشی اور سوجھ بوجھ دیکھیے کہ وہ آج بھی اتنے ہی با معنی ہیں جتنے اس وقت تھے جب یہ لکھے گئے تھے۔

دو مثالیں ملاحظہ فرمائیے۔ کتاب میں شامل پہلے اداریے کا عنوان ہے "ہمارا مستقبل"۔ مولانا لکھتے ہیں: "خدا اس قوم کی حالت نہیں بدلتا جو خود اپنی حالت کو بدلنے کی کوشش نہ کرے۔ اس وقت ہند میں مسلمان کی حالت بہت نازک ہے اس کا تہذیبی سرمایہ روز روشن میں لٹ رہا ہے۔ اس نے آٹھ سو سال میں جو کچھ کمایا تھا وہ چھ ماہ کے اندر ضائع ہو گیا۔ اب اگر مسلمان مسلمان کی حیثیت سے زندہ رہنا چاہتا ہے تو اس کی صورت صرف یہ ہے کہ وہ اپنی زندگی کو اسلامی بنائے اور اپنے قومی مزاج کو اسلام کے سانچے میں ڈھالے۔ اب کوئی طاقت بجز قرآن کے مسلمان کو زندہ نہیں رکھ سکتی۔ اب مسلمان کے تحفظ کی گارنٹی صرف اس کا اخلاق ہے۔ یہ اسلامی اخلاق اسے پھر ابھارے گا۔ پھر اٹھائے گا اور اخلاقی دنیا میں پھر غالب کرے گا"۔ (۱۶ر فروری ۴۸ء)

ایک اور اداریہ ملاحظہ فرمائیں، اس کا عنوان ہے "مذہب کے نام پر افیون کی تجارت"۔ مولانا لکھتے ہیں: "ہم نے خونِ جگر پی پی کر مسلمانوں کو بتایا ہے کہ مسلمانوں کو توہمات، خام خیالیاں، خوش فہمیاں بہت کچھ تباہ کر چکی ہیں۔ اب ان کے تباہ ہونے میں کوئی کسر نہیں رہ گئی ہے۔ لیکن مسلمان خود تباہی کو دعوت دے رہا ہے، سانس حلقوم میں پھنس گیا ہے، مگر وہ توہمات سے باز نہیں آتا۔ جو لوگ مذہب کے نام پر افیون کا استعمال کرتے ہیں ان تک ہماری تحریریں نہیں پہنچتیں۔ اس افیون فروشی کا نظارہ کرنا ہو تو ان کے آستانوں پر چلے جائیے جو تعویذوں کے ذریعہ لوگوں کی مشکلات حل کرتے ہیں اور

ان پر کامیابی اور کامرانی کے در کھولتے ہیں۔ ۱۸۵۷ء میں قلعہ معلّی کے ان خوش خیالوں میں جو فرنگیوں کے گولوں کی آواز پر کہتے رہے کہ خدا کرے ان توپوں میں کیڑے پڑیں اور ان لوگوں میں جو تعویذوں اور قرآنی نقشوں سے اپنا ہر کام نکالنا چاہتے ہیں کیا فرق ہے۔ توپوں میں کیڑے ڈالنے والے نامرادی کی موت مر گئے اور پوری ملت کو مار گئے مگر ان کی ذریت آج بھی باقی ہے جو کاغذ کے پرزوں میں اپنی مشکلات کا حل تلاش کرتی اور قدرتی اسباب کو منھ چڑاتی اور محنت سے جی چرا کر اپنی بگڑی بنانا چاہتی ہے۔ مسلمان چاہتا ہے کہ اسے کچھ کرنا نہ پڑے وہ صرف نقش و تعویذ کے چکر میں آکر اپنا سب کچھ دے بیٹھے اور اسرائیل نقش و تعویذ کے بغیر ہی مسجد اقصیٰ پر قبضہ کر بیٹھا"۔ (۳۱ر جولائی ۱۹۷۲ء)

ان اداریوں کو پڑھ کر ایک بات واضح ہوتی ہے کہ تقسیم کے بعد زائد از نصف صدی کا عرصہ گزر جانے کے باوجود مسلمانوں کے حالات میں کوئی تبدیلی نہیں آئی ہے۔ جو صورت حال پہلے تھی وہی آج بھی ہے۔ وہی مسلمانوں کی مظلومی، وہی مسلم دشمن سازشیں، وہی مسلمانوں سے تعصب کا رویہ، وہی جانبداری، پولیس کا وہی مسلم مخالف کردار، مسلمانوں پر ملازمتوں کے دروازے اسی طرح بند، اسی طرح تسلی اور تھپکی دے کر مسلمانوں کو سلانے کی کوششیں۔ کچھ بھی تو نہیں بدلا اس عرصے میں۔ ہاں اگر مسلمان مولانا کے مذکورہ بالا مشورے پر عمل کریں تو ان یقینی طور پر ان کی حالت بدل سکتی ہے۔ ان اداریوں کو پڑھنے سے یہ اندازہ آسانی سے لگایا جا سکتا ہے کہ مولانا فارقلیط کتنے دوراندیش اور مستقبل شناس تھے۔ انھوں نے ان اداریوں کو روشنائی سے نہیں بلکہ خون دل سے لکھا ہے اور سطور اور بین السطور ان کے اخلاص، ان کے ایثار اور ان کی للّٰہیت کے گواہ بن گئے ہیں۔

کتاب میں جو پانچ مضامین شامل کیے گئے ہیں ان میں پہلا اور سب سے اچھا مضمون خود مولانا فارقلیط کے صاحب زادے جناب محمد فاروق کا ہے جس کا عنوان ہے "ہمارے والد مولانا محمد عثمان فارقلیط"۔ یہ ایک غیر مطبوعہ اور معرکتہ الآرا مضمون ہے جو انھوں نے سہیل انجم کی درخواست پر اس کتاب کے لیے تحریر کیا ہے۔ اس میں انھوں نے پاکستان میں مولانا کی صحافت سے لے کر الجمعیۃ کی ادارت، گھر کے اندر ان کے معمولات اور اس کے بعد ان کی بیماری اور وفات تک کے واقعات انتہائی دلدوز اور پر سوز انداز میں لکھے ہیں۔ ایک واقعہ انھوں نے لکھا ہے کہ جب عمر کے آخری حصے میں ان کو برین ہیمرج ہوا تو اس وقت وہ کوئی مضمون لکھ رہے تھے۔ ناک سے خون جاری تھا اور مولانا ناک پر رومال رکھ کر اور یہ کہتے ہوئے کہ ٹپک کتنا ٹپکے گا، مضمون لکھتے رہے۔ جب تک مضمون مکمل نہیں ہو گیا انھوں نے نہ قلم رکھا اور نہ ہی ناک سے رومال ہٹایا۔ آج ہے کوئی صحافی جو ملت کے لیے اس قدر جان دینے کو تیار ہو اور برین ہیمرج ہونے پر اسے اسپتال جانے کی نہیں بلکہ مضمون مکمل کرنے کی تڑپ ہو۔ یہ مضمون اس کتاب کی جان ہے۔ اس کی جتنی بھی تعریف کی جائے کم ہے۔ اس کے مطالعہ سے یہ اندازہ ہوا کہ اگر فاروق صاحب بھی صحافت کے پیشے میں ہوتے تو وہ بھی اعلی پائے کے صحافی ہوتے اور ان کی تحریروں پر بھی قارئین سر دھنتے۔ ان کے علاوہ مولانا امداد صابری، مالک رام، مولانا غفران احمد اور راقم الحروف کے مضامین شامل کتاب ہیں۔

کتاب کا ٹائٹل بے حد خوبصورت ہے۔ سہیل انجم نے جانے کہاں سے مولانا کے وقتِ آخر کی ایک تصویر حاصل کر لی جسے آرٹسٹ نے ایک دستاویز بنا کر اس پر امپوز کر دیا ہے۔ چکنے کاغذ پر چھپائی کی وجہ سے کتاب کی خوبصورتی اور بڑھ گئی ہے۔ جہاں سہیل انجم اس کتاب کے لیے مبارکباد کے مستحق ہیں وہیں اپنے والد پر مضمون لکھنے کے لیے جناب

محمد فاروق اور کتاب کو خوبصورت چھاپنے کے لیے ایجوکیشنل پبلشنگ ہاؤس بھی مبارکباد کا مستحق ہے۔ یہ کتاب ہر اردو جاننے والے اور ہر مسلمان کے گھر میں بھی ہونی چاہیے۔ تاکہ 'گاہے گاہے بازخواں' کے تحت ان اداریوں کا مطالعہ کرکے اپنے جذب و شوق کو زندہ رکھا جا سکے۔ اگر کوئی صاحب ذوق، صاحب ثروت اور اپنے دل میں ملت کا درد رکھنے والا اہل خیر اس کتاب کی بڑی تعداد میں اشاعت کرکے اسے تقسیم کروا دے تو یہ ملت کی بہت بڑی خدمت ہوگی۔ کاش کوئی ایسا پیدا ہو جائے۔

٭ ٭ ٭

A Review on book 'Usman Farqaleet ke muntakhab idariye' compiled by Sohail Anjum. Reviewer: Farooq Argali

(۱۲) اردو کے چھوٹے اخبارات کے مسائل وامکانات

محمد عبدالعزیز سہیل

تبصرہ: اردو کے چھوٹے اخبارات کے مسائل وامکانات

مصنف: اعجاز علی قریشی ر مبصر: محمد عبدالعزیز سہیل

صحافت کو ملک کا چوتھا ستون قرار دیا جاتا ہے اور اردو صحافت نے ہندوستان کی سیاسی و سماجی زندگی اور جدجہد آزادی کے فروغ میں اہم کردار ادا کیا تھا۔ اور اردو کے چھوٹے اور بڑے اخبارات نے عوام کے شعور بیداری کی اپنے طور پر کامیاب کوشش کی تھی۔ بیسویں صدی میں دیگر زبانوں کے ساتھ اردو صحافت نے بھی عصری تقاضوں سے ہم آہنگی حاصل کی۔ اور طباعت و اشاعت کے مراحل میں ترقی ہوئی۔ روزنامہ اعتماد، منصف، سیاست، رہنمائے دکن، راشٹریہ سہارا، انقلاب، قومی سلامتی 'قومی آواز وغیرہ جیسے قومی اخبارات ملک گیر سطح پر اپنا احساس دلاتے ہیں اور عوامی شعور بیداری کیلئے جدوجہد کر رہے ہیں ایسے میں دوسری طرف اردو کے چھوٹے اخبارات بھی علاقائی اور مقامی سطح پر اپنی کوشش جاری رکھے ہوئے ہیں۔

ہندوستان کے تمام بڑے اور چھوٹے شہروں سے کئی چھوٹے اخبارات جاری ہوتے ہیں جو مالی مسائل سے دوچار ہونے کے باجود اپنے مدیران کی ذاتی جستجو سے اشاعت کے مراحل سے گذر رہے ہیں۔ اردو کے چھوٹے اخبارات کی علاقائی اہمیت ہے اور جو خبریں کسی بڑے اخبار کی زینت نہ بنتی ہوں وہ چھوٹے اخباروں میں نمایاں طور پر شائع

ہوتی ہیں۔ اور اپنے علاقے کے مسائل اور سیاسی و سماجی 'تہذیبی و ثقافتی سرگرمیوں کو بہتر انداز میں پیش کرتی ہیں۔ اس طرح صحافت کی دنیا میں چھوٹے اخبارات کی اہمیت اپنی جگہ مسلمہ ہے۔ لیکن ان اخبارات کو اشتہارات نہ ملنے اور حکومت کی جانب سے مناسب امداد نہ ملنے کی شکایت ہے۔

اردو کے چھوٹے اخبارات کے مسائل کو اجاگر کرنے کے لئے حالیہ دنوں "اردو کے چھوٹے اخبارات کے مسائل و امکانات (حیدرآباد کا جائزہ)" کے موضوع پر جناب اعجاز علی قریشی صاحب ایڈوکیٹ کی قیمتی و معزز آراء تصنیف شائع ہوئی ہیں ویسے اعجاز علی قریشی صاحب پیشہ سے وکیل ہیں ساتھ ہی جرنلزم میں بھی وہ اردو صحافت کی نمائندگی کرتے ہوئے نظر آتے ہیں۔ اعجاز علی قریشی صاحب کی شخصیت آندھراپردیش میں ایک سماجی جہد کار کے طور پر تسلیم کی جاسکتی ہیں انکی یہ تصنیف اردو جرنلزم کورس کے تحت کی جانے والی تحقیق کا حصہ ہے۔ زیر تبصرہ کتاب کا پیش لفظ اردو صحافت کی ممتاز و مایہ ناز شخصیت اور شفیق استاد پروفیسر محمد مصطفی علی سروری صاحب صدر شعبہ اردو ترسلی وعامہ وصحافت مولانا آزاد نیشنل اردو یونیورسٹی حیدرآباد نے رقم کیا ہے۔

پروفیسر محمد مصطفی علی سروری صاحب نے اپنے پیش لفظ میں لکھا ہے "اردو زبان و ادب اور صحافت کے حوالے سے میرا یہ ماننا ہے کہ 'اردو زبان دراصل دیوانوں کے شانوں پر پل رہی ہے' اس کتاب کے مصنف اعجاز علی قریشی ایڈوکیٹ کو بھی میں انہی لوگوں میں شمار کرتا ہوں۔ ان کی یہ کتاب دراصل ان کی جرنلزم کورس کے دوران کی جانے والی تحقیق کا نچوڑ ہے (ص ۵)

زیر تبصرہ کتاب کے موضوعات اسطرح سے ہیں "حیدرآباد سے شائع ہونے والے اردو کے چھوٹے اخبارات کے مسائل اور امکانات"، "اردو اور حیدرآباد"، اردو

صحافت کا شہر حیدرآباد"، حیدرآباد میں اردو صحافت کی تاریخ، اردو صحافت کی ترقی کے لیے کیا کرنا چاہیے"، حیدرآباد میں اردو اخبارات کی خدمات"، فہرست اخبارات، اردو اخبارات کے مدیران کی مشکلات، امکانات اردو اخبارات کی ترقی کیلئے، اردو صحافت کے مسائل، اردو صحافت اور حیدرآباد، اردو ذرائع ابلاغ انٹرنیٹ اور حیدرآباد،، حیدرآبامیں اردو صحافت کی اثرپذیری، متنوع مسائل، اردو صحافت کا تاریخی پس منظر۔

اپنی کتاب کے پہلے مضمون میں مصنف نے اس نقطہ نظر کا اظہار کیا ہے کہ "حیدرآباد کے بے شمار اردو اخبارات ان کے ایڈیٹران اپنے ذاتی خرچ پر شائع کرتے ہیں حکومت یا کوئی ادارے کی معاونت انہیں حاصل نہیں ہوتی" انہوں نے اپنے اس مضمون میں مفروضہ قائم کرتے ہوے یہ سوال اٹھایا ہے کہ اردو اخبارات اردو کی ترقی میں کیا رول ادا کر رہے ہیں اردو اخبارات کے مدیران کو کیا مشکلات درپیش ہیں، دیگر زبانوں کے اخبارات کی طرح اردو کے اخبارات کو کیا سہولتیں مہیا ہے۔ اردو اخبارات کی ترقی کیلئے کیا کرنا چاہیے ان ہی چار نکات کے پیش نظر انہوں نے اپنی اس تحقیق کو انجام دیا ہے۔

کتاب کا دوسرا عنوان 'اردو اور حیدرآباد' کے موضوع پر فاضل مصنف نے شہر حیدرآباد کو اردو کا گھوارہ قرار دیا ہے ساتھ ہی جامعہ عثمانیہ اور مولانا آزاد نیشنل اردو یونیورسٹی حیدرآباد میں اردو کی صورتحال پر غور کیا ہے اور آخر میں لکھا ہے "اردو کی شمع کو روشن رکھنے کا اعزاز اردو اخبارات کو بھی جاتا ہے جن میں اردو کے چھوٹے اخبارات بھی شامل ہیں" (ص ۱۲)

زیر تبصرہ کتاب کا تیسرا باب 'اردو صحافت کا شہر حیدرآباد "ہے جس میں انہوں نے سجن لال صاحب کے حوالے سے آفتاب دکن کو حیدرآباد کا پہلا اخبار قرار دیا ہے جو ۱۸۶۰ء میں شائع ہوا۔ اس مضمون میں ۱۸۶۰ء کے آفتاب دکن سے ۱۹۴۹ رہنمائے

دکن تک کے اخبارات کا مختصراً تذکرہ کیا گیا ہے۔ ایک اور باب حیدرآباد میں اردو صحافت کی تاریخ کے عنوان سے شامل ہے اس عنوان کے تحت رسالہ طباعت ۱۸۵۹ء کے اشاعت کے مقاصد بیان کیے جو کہ ۱۸۵۹ء تا ۱۹۴۷ء تک کے رسائل و اخبارات کا مختصراً احاطہ کیا گیا ہے۔ اس مضمون میں مزید معلومات کی گنجائش پائی جاتی ہیں۔

زیر تبصرہ کتاب میں اعجاز علی قریشی صاحب نے ایک طرف تو اردو صحافت کی تاریخ اور مسائل کو پیش کیا ہے وہیں انہوں نے تجاویز اور امکانات کو بھی بیان کیا ہے دیگر موضوعات کے برعکس یہ عنوان 'اردو اخبارات کی ترقی کیلئے کیا کرنا چاہیے! کافی اہمیت کا حامل ہے اس میں چھوٹے اخبارات کیلئے مختلف اور اہم تجاویز درج کی گئی ہیں۔ ایک اور عنوان "حیدرآباد کے اردو اخبارات کی خدمات کے تحت شامل ہیں جس میں کسی اخبار کا نام کا تذکرہ کیے بغیر عمومی خدمات کو پیش کیا گیا ہے ساتھ ہی آندھرا پردیش حکومت کی جانب سے جن ۲۰۵ اخبارات ورسائل کو اشتہارات جاری کیے جارہے ہیں ان کی فہرست دی گئی ہیں۔ فاضل مصنف نے اپنی اس کتاب میں چھوٹے اخبارات کے جن مسائل کو بیان کیا ہے وہ تمام کے تمام ہی قابل قبول ہیں مگر ضرورت اس بات کی ہے کہ حکومت اور صحافتی انجمنیں ان مسائل کے حل کیلئے سنجیدہ کوشش کریں انہوں نے حل کے طور پر جن امکانات کو بیان کیا ہے وہ قابل تقلید ہیں۔

اس کتاب میں بالکل سیدھے سادے اسلوب میں اعجاز علی قریشی صاحب نے اردو کے چھوٹے اخبارات کے مسائل اور ان کا حل کے متعلق تجاویز رکھی ہیں لیکن جو معلومات صحافت کی تاریخ اور اخبارات کی خدمات سے متعلق ہیں ان کا مکمل احاطہ کیا جاتا تو بہت اچھا ہوتا۔ خیر اس موضوع پر ان کی اس تصنیف نے صحافت کے میدان میں نئے گوشوں کو تلاش کرنے کے مواقع فراہم کیے ہیں اس عنوان کے تحت مزید تحقیقی کام کی

گنجائش ہے، اعجاز قریشی نے اپنی کتاب کے ذریعے اس موضوع پر نئے گوشوں کو تلاش کرنے کا موقع فراہم کیا ہے۔ اعجاز علی قریشی صاحب قابل مبارکباد ہیں کے انہوں نے بہت ہی اچھے موضوع کو منتخب کیا ہے اور اعلی درجہ کی اطلاعات و معلومات فراہم کی ہیں یہ انکی دوسری تصنیف ہے اس موقع پر میں انہیں تہہ دل سے مبارکباد پیش کرتا ہوں اور امید بھی کرتا ہوں کہ یہ تصنیف ملک گیر سطح بلحضوص آندھرا پردیش میں اردوادب اور صحافت کے طالب علموں اور اساتذہ اور اس شعبے سے تعلق رکھنے والے احباب کیلئے معلومات کا ذخیرہ ہے۔

۹۶ صفحات پر مشتمل اس کتاب کو ۱۰۰ روپیئے کی قیمت پر
بمکان مصنف: 17-3-225/1/c، قریشی لائن یاقوت پورہ حیدرآباد
یاایجوکیشنل پبلشنگ ہاوس نئی دہلی سے حاصل کیا جاسکتا ہے۔

***

A Review on "Problems and Prospects of Small Urdu Newspapers" by Aijaz Ali Qureshi. Reviewer: M.A.A.Sohail

(۱۳) برقی صحافت: ٹی وی جرنلزم

محمد عبدالعزیز سہیل

تبصرہ: برقی صحافت (ٹی وی جرنلزم)۔

مصنف: پروفیسر محمد مصطفی علی سروری / مبصر: محمد عبدالعزیز سہیل

جدید دور سائنس و ٹیکنالوجی کی ترقی کا دور ہے اور اس ترقی کا ایک حصہ انفارمیشن ٹیکنالوجی کا فروغ ہے۔ جس کے سبب دنیا گلوگل ولیج میں بدل گئی ہے۔ دنیا میں تیزی سے معلومات پیدا ہو رہی ہیں اور انفارمیشن ٹیکنالوجی کے جدید ذرائع انٹرنیٹ 'ٹیلیفون 'ٹیلی ویژن وغیرہ کے ذریعے معلومات بہت تیزی سے بریکنگ نیوز کے عنوان سے دنیا کے ہر حصہ میں پہونچ رہی ہیں جیسے کسی حادثہ کی اطلاع ہو یا کھیل کے مقابلے کی پیشرفت یا دنیا میں کوئی بھی وقوع پذیر ہونے والا ایسا واقعہ جس کی اطلاع میں دوسرے لوگ دلچسپی رکھتے ہوں انہیں فوراً انفارمیشن ٹیکنالوجی کی مدد سے دنیا بھر میں منتقل کیا جاتا ہے۔ خبروں کی ترسیل کا کام میڈیا کے ذرائع پرنٹ یا الیکٹرانک میڈیا سے ہو رہا ہے۔

پرنٹ میڈیا کی تاریخ کافی قدیم ہے اور اس کی اہمیت آج بھی مسلمہ ہے لیکن الکٹرانک میڈیا اپنی بالکل جدید تاریخ رکھتی ہے۔ الکٹرانک میڈیا نے عوام کو بہت زیادہ متاثر کیا ہے دور حاضر میں پرنٹ میڈیا سے زیادہ الکٹرانک میڈیا کو مقبولیت حاصل ہو رہی ہے کیونکہ اس کی پہونچ اب عوام کے ہاتھوں میں ہوگئی ہے جہاں لیپ ٹاپ اور جدید ٹیکنالوجی سے آراستہ اسمارٹ فون کی بدولت انسان جب چاہے دنیا سے تعلق پیدا کر سکتا

ہے اور دنیا بھر کی معلومات سے رسائی حاصل کر سکتا ہے۔ گذشتہ ایک دہائی میں زندگی کو متاثر کرنے میں الیکٹرانک میڈیا خاص طور سے ٹی وی جرنلزم نے بھی اہم رول ادا کیا ہے چاہے وہ کسی واقعے کی رپورٹنگ ہو یا کسی سیاسی 'سماجی پہلو پر گفتگو ہو مختلف نیوز چینلز اپنے انداز میں نیوز کو پیش کرنے لگے ہیں اور لوگوں کی مخصوص انداز میں ذہن سازی کرتے ہوئے اپنے مقاصد کو حاصل کرنے کی کوشش کی جارہی ہے۔

ہندوستان میں جب کبھی کہیں بم دھماکہ ہوتا ہے مخصوص قسم کے نیوز چینلز فوری شک کی انگلی کسی مسلم تنظیموں سے جوڑ دیتے ہیں اور مختلف نام نہاد ماہرین اس واقعہ کی ایک انداز میں تشہیر کرنے لگتے ہیں لیکن جب اصل تحقیقات سامنے آتی ہیں تو ان دھماکوں کا ذمہ دار کوئی اور ہی ہوتا ہے۔ ہندوستان اور دنیا کے ترقی یافتہ ممالک میں میڈیا کے ذریعے پروپگنڈہ عام کرنے کا جو رجحان چل پڑا ہے اسے ٹی وی دیکھنے والے عام ناظرین تک تجزیے کے ساتھ پیش کرنا وقت کا اہم تقاضہ ہے۔

نیوز ایک سماجی امانت ہوتی ہے اور اسے سماج تک بغیر ردوبدل کے پیش کرنا صحافتی قدر کہلاتی ہے۔ دنیا کے ہر پیشہ کی طرح نیوز کو عوام تک پہونچانا بھی ایک اہم پیشہ ہے جو صحافی پیشہ صحافت سے وابستہ ہو کر کرتا ہے۔ الیکٹرانک میڈیا میں رپورٹنگ کے کیا تقاضے ہیں اور نو آموز صحافی کیسے ان تقاضوں سے ہم آہنگ ہو سکتا ہے اور اپنے آپ کو ایک بہتر نیوز کاسٹر 'نیوز رپورٹر اور الیکٹرانک جرنلسٹ بنا سکتا ہے اس کے لئے اسے اس پیشہ سے متعلق معلومات حاصل کرنا ضروری ہے۔

اور میڈیا کی بڑھتی مقبولیت اور حیدرآباد کی اردو یونیورسٹی میں قائم شعبہ ماس میڈیا میں زیر تعلیم طلبائے صحافت کی تدریسی ضرورت کے لئے اردو میں یہ کام حیدرآباد سے تعلق رکھنے والے ایک جواں سال صحافی اور صحافت کی تدریس سے وابستہ پروفیسر

مصطفی علی سروری اسوسی ایٹ پروفیسر شعبہ جرنلزم مولانا آزاد نیشنل اردو یونیورسٹی حیدرآباد نے اپنی تصنیف "برقی صحافت" کے ذریعے کیا ہے ان کی اس کتاب کو میڈیا کے حقائق سے پردہ اٹھانے والی ایک اہم کتاب تسلیم کیا جارہا ہے اور اسے الکٹرانک میڈیا اور برقی صحافت کی تکنیک سے واقفیت کے موضوع پر یک اہم تصنیف کہا جاسکتا ہے۔

برقی صحافت (ٹی وی جرنلزم) پروفیسر مصطفی علی سروری کی ایک اہم تصنیف ہے جو اردو طلبائے صحافت کو پیش نظر رکھ کر لکھی گئی ہے۔ کتاب کا انتساب اردو میڈیم کے طلباء کے نام معنون کیا ہے۔ زیر تبصرہ کتاب کے پیش لفظ میں فاضل مصنف نے الکٹرانک میڈیا کی مقبولیت اور اس میڈیا کی اعتباری سے متعلق لکھا ہے۔

"گذشتہ دس برسوں میں تو ملک میں نیوز چیانلس کو بے پناہ مقبولیت ہی نہیں ملی بلکہ ان کے ناظرین کی تعداد میں بے شمار اضافہ بھی ریکارڈ کیا گیا۔ اب تو یہ حال ہے کہ خبر وہی ہے جو ٹی وی چیانلس بتلائیں والا ماحول بن گیا ہے اور یہ بھی ایک حقیقت ہے کہ ٹی وی نیوز چیانلس کی اس بہتات اور غیر ذمہ دارانہ مسابقت نے اس میڈیا کو بے اعتبار بنانے کا بھی سامان فراہم کیا ہے"۔ (ص ۷)

فاضل مصنف نے اپنے پیش لفظ میں طلبائے صحافت کو دعوت فکر دی ہے کہ وہ ٹی وی نیوز کو غیر جانب دارانہ انداز میں پیش کرنے کو کیسے یقینی بنائیں گے۔

اس کتاب کا پہلا عنوان "خبر کی تعریف" سے شروع ہوتا ہے۔ جس میں خبر کی تعریف 'کونسی اطلاع خبر ہے اور خبر کے عوامل کیا ہیں وغیرہ کی تفصیلات پیش کی گئی ہیں اس متعلق فاضل مصنف نے لکھا ہے۔" عام طور پر ذیل کے پانچ اہم عوامل کسی بھی اطلاع میں خبریت پیدا کرتے ہیں۔ تازہ ترین اور بروقت ہونا، قربت ہونا، غیر معمولی پن، ممکنہ اثرات و اہمیت (نمایاں یا متاثرین کی تعداد کا ہونا) انسانی فطرت کی دلچسپی ہونا ان

خواص میں سے کسی خبر میں ایک ہی خاصیت ہو سکتی ہے اور کسی خبر میں ان میں سے کئی عوامل بھی بیک وقت ہو سکتے ہیں" (ص ۹)

کتاب کا دوسرا عنوان " خبروں کی اقسام " سے متعلق ہے جس میں مصنف نے خبروں کو ان کی نوعیت کے لحاظ سے مختلف زمروں میں تقسیم کیا ہے جیسے ٹھوس خبر، لائیو نیوز، ایمر جنسی رپورٹنگ ، معمول کی خبریں، تحقیقاتی رپورٹنگ، فیچر نیوز وغیرہ۔ فاضل مصنف نے اس موضوع کے تحت صحافت اور خاص کر الکٹرانک میڈیا کے طلباء کیلئے بہت ہی اہم معلومات فراہم کی ہیں کہ ٹیلی ویژن رپورٹر کس کی بائٹ لے، سوالات کی تیاری کیسے کرے، ٹیلی ویژن کے لیے انٹرویو کس طرح لیا جائے، خبر کے کون کون سے ذرائع ہیں وغیرہ۔ اسطرح کی بہت سی مفید معلومات اس عنوان کے تحت کتاب میں شامل ہیں۔ زیرہ تبصرہ کتاب کا تیسرا مضمون "ٹیلی ویژن نیوز رپورٹنگ کتنا خطرناک کام! کے عنوان سے شامل ہے اس عنوان کے تحت انہوں نے لکھا ہے کہ صحافی کو رپورٹ یا اطلاع عوام کے ذریعے ملتی ہیں اور RTI سے متعلق لکھا ہے کہ حکومت ہند نے ملک میں قانون حق معلومات رائٹ ٹو انفارمیشن ایکٹ ۲۰۰۵ کا نفاذ عمل میں لایا تب سے رپورٹرس کے لیے RTI کے جواب میں ملنے والی دستاویزات خبروں کا ایک بڑا ذریعہ بن رہی ہیں" (ص ۳۳)۔

اس کے علاوہ پروفیسر محمد مصطفی علی سروری صاحب نے بین الاقوامی پریس کی دستاویزات کا حصول اور وکی لیکس امریکہ کے سرکاری محکمہ کی اطلاعات وغیرہ کے بارے میں تفصیلی طور پر معلومات فراہم کی ہیں ساتھ ہی رپورٹنگ کے دوران ایک رپورٹر اور بحیثیت مجموعی ایک نیوز چینل کو کن باتوں کا خاص کر لحاظ رکھنا چاہیے جیسے نکات کی شکل میں بیان کیا ہے۔

زیرہ تبصرہ کتاب کا ایک اور اہم موضوع "ٹیلی ویژن پر خبروں کا انداز پیش کش" ہے۔ جس میں انہوں نے ٹیلی ویژن خبروں کو پیش کرنے کے طریقوں، اینکر اسکرپٹ، وائس اوور، ویژولس، فیچر نیوز، اسپارٹ نیوز کوریج وغیرہ جیسی ٹکنیکی چیزوں پر سیر حاصل معلومات پیش کی ہیں ان چند موضوعات کی طرح اس تصنیف کے دیگر موضوعات بھی کافی اہمیت کے حامل ہیں جن کا مطالعہ صحافت اور خاص کر الکٹرانک میڈیا کے طالب علموں کیلئے ناگزیر ہے۔

پروفیسر محمد مصطفی علی سروری صاحب نے بڑی عرق ریزی سے اس کتاب کو ضبط تحریر میں لایا ہے اور الکٹرانک میڈیا کے اس دور میں برقی صحافت (ٹی وی جرنلزم) کی اہمیت کو اجاگر کیا ہے اور صحافت کے طالب علموں کیلئے یہ کتاب ایک بیش قیمتی جوہر ہے۔ اس کتاب کو عصر حاضر کے جرنلزم کورس میں شامل نصاب کرنا چاہئے اور برصغیر کے مختلف اردو اور ہندی نیوز چیانلس میں کام کرنے والے صحافیوں کو زیر مطالعہ رکھنا چاہئے ضرورت اس بات کی ہے کہ صحافت سے وابستہ طلباء اس کتاب سے استفادہ کریں۔ بلاشبہ یہ کتاب صحافت سے وابستہ حضرات اور صحافت سے دلچسپی رکھنے والوں کیلئے اردو ادب میں ایک قیمتی اضافہ ہے۔

امید ہے کے اردو کے صحافتی ادب اور خاص کر صحافتی شعبوں میں پروفیسر محمد مصطفی علی سروری کی اس تصنیف کو قدر کی نگاہ سے دیکھا جائیگا اور انکی ہمت، حوصلہ افزائی کی جائیگی۔ اور یہ امید بھی کی جاتی ہے کہ وہ صحافت سے متعلق اور مزید گراں قدر تصانیف کو اردو ادب کے طالب علموں کیلئے پیش کرتے رہیں گے۔

یہ کتاب ایجوکیشنل پبلشنگ ہاوس نئی دہلی کی جانب سے شائع ہوئی ہے۔ ۲۲ موضوعات اور ۱۷۵ صفحات پر مشتمل اس کتاب کی قیمت ۲۰۰ روپیئے رکھی گئی ہیں جو

ایجوکیشنل پبلشنگ ہاوس نئی دہلی کے علاوہ دیگر اہم بک ڈپوس سے حاصل کی جاسکتی ہے۔

٭ ٭ ٭

A Review on "T.V Journalism" by Mustafa Ali Sarwari. Reviewer: M.A.A.Sohail

(۱۴) سچ تو مگر کہنے دو: دل دردمند کی صداقتوں کا آئینہ

محمد اعظم شاہد

ڈاکٹر سید فاضل حسین پرویز کی ادارت میں حیدرآباد سے "گواہ ویکلی" مستقل طور پر تقریباً بیس سال سے شائع ہوتا رہا ہے۔ فاضل پرویز ملک کے مستعد اردو صحافیوں میں شمار کئے جاتے ہیں جنہوں نے اقدار پر مبنی صحافت کو فروغ دینے کی مخلصانہ کوششیں کی ہیں۔ آپ نے اردو صحافت کی تاریخی وراثت کی تقلید کو روبہ عمل لاتے ہوئے اپنے اخبار کے ذریعے معاشرے میں مذہبی، سماجی اور تعلیمی آگہی عام کرنے پر خصوصی توجہ دی ہے۔ بالخصوص مسلمانوں کے اجتماعی اور انفرادی مسائل پر آپ نے کھل کر لکھا ہے۔ اپنی تحریروں میں وہ اپنے قارئین کو دعوت احتساب دیتے ہیں۔

اپنے ہفت روزہ اخبار "گواہ" میں تقریباً گیارہ سال سے وہ اپنے احساسات ،خیالات اور مشاہدات و تجربات کو اداریہ "سچ تو مگر کہنے دو" عنوان کے تحت سپرد قلم کرتے آئے ہیں۔ اس طویل عرصہ میں ساڑھے چار سو کے قریب ان کے اداریے نہ صرف ان کے اخبار میں بلکہ ملک کے دیگر اردو اخبارات میں بھی شائع ہوتے رہے ہیں۔ سوشل میڈیا اور انٹرنیٹ کی کامیاب رفتار ترقی کے باعث "گواہ" کا آن لائن ایڈیشن بھی پوری دنیا میں پڑھا جاتا ہے۔ اس طرح فاضل حسین پرویز اپنی فکرمند اور تجزیاتی تحریروں کے حوالے سے اردو پڑھنے والوں میں اعتبار کا استعارہ بن گئے ہیں۔

آپ کے منتخب ۱۲۵ ادارتی مضامین سال ۲۰۱۶ء میں کتابی شکل "سچ تو مگر کہنے

دو" میں منظر عام پر آئے ہیں۔ ۴۸۶ صفحات پر مشتمل اپنے ادارتی مضامین کے مجموعے کا انتساب آپ نے یوں لکھا ہے:

"حضور اکرم صلی اللہ علیہ وسلم اور آپ کے صحابہ کرام کے نام جنہوں نے حق و صداقت کا پرچم سربلند رکھنے کے لئے ہر قسم کی قربانیاں دیں۔ اذیتیں برداشت کیں مگر ان کے پایۂ استقلال میں کبھی لغزش نہیں آئی۔ تاریخ کے اوراق گواہ ہیں کہ حق کا پرچم ہمیشہ بلند ہو کر رہا۔ سچ کی ہمیشہ فتح ہوئی کیونکہ سچ بولنے والوں کو اللہ رب العزت کی مدد حاصل ہوتی ہے۔"

یہ انتساب ہی دراصل فاضل پرویز کے صحافتی زاویہ نگاہ اور حق و صداقت کی پاسداری پر ان کے یقین محکم کا پتہ دیتا ہے۔ ویسے اس دور میں اکثر صحافی اور اخبارات مفاد پرستی کی وبا میں مبتلا ہیں۔ خوشامد، چاپلوسی اور مالی فائدہ کے لئے صحافتی قدروں کا سودا کیا جاتا ہے۔ منفعت پسندی نے عام طور پر اخبار نویسی کو یرغمال بنا رکھا ہے، جہاں صداقت پر مبنی خبریں اور قارئین کو سماج کا آئینہ دکھانے اور سیاسی مفاد پرستی، فرقہ پرستی کے ماحول میں ان کے شعور کی بیداری کے لئے اخبار چلانا اب گزرے زمانے کی باتیں رہ گئی ہیں۔ فاضل پرویز نے ہر ہفتہ اپنی ادارتی تحریروں میں استحصال اور اخلاقی پستی اور سیاسی بالادستی کی کھل کر مذمت کی ہے۔ یہ بتانے کی کامیاب کوشش کی ہے کہ سلامتی کہاں مضمر ہے اور تباہی کا راستہ کونسا ہے؟

ڈاکٹر سید فاضل حسین پرویز نے "اردو میڈیا کل آج کل" کے موضوع پر تحقیقی مقالہ لکھ کر جامعہ عثمانیہ حیدرآباد سے ڈاکٹریٹ حاصل کی ہے، جس کی تلخیص کتابی شکل میں بھی ۲۰۱۵ء میں آئی ہے اور اب تک اس کے دو ایڈیشن نکل چکے ہیں۔ عنقریب تیسرا ایڈیشن بھی شائع ہو رہا ہے۔ پیشۂ صحافت سے اپنی دلی وابستگی اور عقیدت کے باعث

فاضل پرویز نے خصوصی طور پر مسلمانوں میں مذہبی، معاشرتی اور سماجی بیداری کی جانب اپنی توجہ مرکوز کی ہے۔ زیر نظر مجموعے کے حرف آغاز "سچ بہت مشکل ہے" میں ڈاکٹر محمد شجاعت علی راشد یوں رقمطراز ہیں:

"ہفتہ وار گواہ کے ادارتی صفحات پر شائع ہونے والے متفرق مضامین کا یہ مجموعہ 'صحیفہ پرویز' ہے۔ ایک صحیفہ نگار کے علاوہ وہ کبھی کبھی مصلح قوم کی طرح اپنے قلم کے ذریعہ سماج و معاشرہ میں بالخصوص مسلمانوں کی بیداریٔ شعور کا فرض بھی ادا کرتے نظر آتے ہیں تو کبھی ایک سماجی جہدکار کی طرح زندگی کے کم و بیش تمام شعبوں کو اپنے اداریوں کا موضوع بناتے ہوئے اپنی قومی و سماجی ذمہ داریوں کا حق ادا کرنے والے علمبردار نظر آتے ہیں"۔

کتاب میں شامل تمام مضامین میں نے کئی بار پڑھے ہیں۔ ان مضامین کی منفرد حیثیت ان معنوں میں بھی میں نے محسوس کی ہے کہ فاضل پرویز نے روز مرہ کے واقعات اور حالات کی تصویر اپنی زندگی سے جوڑ کر پیش کی ہے۔ وہ ایک ذمہ دار بیٹا، بھائی ،شوہر اور مشفق و مہربان باپ کے طور پر اپنے گھر، خاندان، محلہ اور شہر میں رونما ہونے والے واقعات کو اپنے مشاہدے کی نظر سے دیکھ کر اپنے قارئین کو یہ سمجھانے کی پرخلوص کوشش کی ہے کہ صالح قدریں رحمت کا باعث ہوتی ہیں اور تنگ نظری تنگ دامنی زحمتوں سے روبرو کرتی ہیں۔

ادارتی مضامین کے اس مجموعہ میں شامل تمام تحریریں ایک باشعور اور ذمہ دار صحافی کے دل دردمند کی صداقتوں کا آئینہ لگتی ہیں۔ یہ اس لیے بھی میں لکھ رہا ہوں کہ مجھے فاضل پرویز اپنی تحریروں میں بےلوث، تصنع سے پاک اور ملک و ملت کے تئیں خوشحالی اور بھلائی کے متمنی نظر آتے ہیں۔ انہوں نے اپنی ذاتی زندگی میں روز بروز واقع

ہونے والے داخلی معاملات کو اخلاق و سعادت مندی کی قدروں سے سلجھانے کی کوششیں کی ہیں۔ اور اپنے ان ذاتی تجربات کو اپنے اردگرد کے ماحول سے ہم آہنگ کر کے دیکھا ہے اور اپنے تاثرات اور کیفیات پر قرآنی آیات، احادیث نبوی کی روشنی میں مدلل تبصرہ کرنے میں بھی وہ کامیاب نظر آتے ہیں۔

سچ کی اشاعت پر کاربند و پابند عمل رہنے والے فاضل پرویز نے اس مجموعے میں "یہ بھی سچ ہے" کے تحت ابتدائیہ لکھتے ہوئے کہتے ہیں کہ ان کی چھوٹی بہن کے علاج کے دوران سال ۲۰۱۶ء میں اسپتال کے ICU میں رات وہ قیام کیا کرتے تھے اور انہوں نے حیات اور موت کی کشمکش کو قریب سے دیکھا اور ابتدائیہ کے لئے تحریر انہوں نے "نیم شب آئی سی یو میں" اس لئے بھی لکھی کہ موت ہی تو سب سے بڑی سچائی ہے۔ یوں ڈاکٹر فاضل پرویز نے جھوٹ کے کاروبار، دوغلے پن کے خاتمے اور صداقتوں کے اظہار کے لئے قلم و قرطاس کا ذمہ دارانہ استعمال کر کے اردو صحافت کی آبرو کو تابندگی بخشی ہے۔

زیر نظر مجموعہ اردو صحافت میں مقصدیت پر مبنی تحریروں کے لئے قدر کی نگاہوں سے دیکھا جائے گا۔ مذہبی، سماجی، معاشی اور تعلیمی موضوعات پر حالات کی تبدیلی کی تمنا اور آرزو لئے فاضل پرویز مسلسل لکھ رہے ہیں۔ بامقصد صحافت کی افادیت کا شعور جنہیں ہے وہ ان کی تحریروں کی قدر کرتے آئے ہیں۔

ھدیٰ پبلیکیشنز کے زیر اہتمام شائع شدہ یہ کتاب گواہ اردو ویکلی، بیچلرس بلڈنگس، معظم جاہی مارکیٹ، حیدرآباد اور ھدیٰ ڈسٹری بیوٹرس، پرانی حویلی، حیدرآباد سے حاصل کی جاسکتی ہے، جس کی قیمت ساڑھے تین سو روپے ہے۔ طباعت و تزئین دیدہ زیب ہے۔ کتاب کے سرورق پر مشہور شاعر شاذ تمکنت کے فرزند نامور آرٹسٹ فواد تمکنت کی پینٹنگ ہے جو مسلمانوں کے ماضی اور حال کی منہ بولتی تصویر لگتی ہے۔

فاضل پرویز کے مزید ایک سو اداریوں کے انتخاب پر مشتمل کتاب "سچ ہی تو ہے" عنقریب منظر عام پر آ رہی ہے۔

***

بشکریہ: روزنامہ "سالار" بنگلور، شمارہ: ۹-اکتوبر-۲۰۱۹

Sach to magar kahne do. Book review by Mohd Azam Shahid.

(۱۵) سائبر دور میں حیدرآباد کے روزنامے

ڈاکٹر محمد اسلم فاروقی

کتاب: سائبر دور میں حیدرآباد کے روزنامے

مصنف: محمد احتشام الحسن مجاہد / مبصر: ڈاکٹر محمد اسلم فاروقی

زبان خیال کے اظہار کا اہم ذریعہ ہے۔ انسان اپنی ضروریات کی تکمیل کے لئے زبان استعمال کرتا ہے اور ایک دوسرے سے اپنے خیالات کی ترسیل کرتے ہوئے زندگی کے کام انجام دیتا ہے۔ زبان کی پہلی اور بنیادی شکل بولی ہے اور کسی زبان کی ترقی یافتہ شکل اس کا رسم الخط ہے۔ جس کے ذریعے زبان کے شعبے علم و ادب وجود میں آتے ہیں۔ زبان کا سماج اور تہذیب سے بھی تعلق ہوتا ہے۔ اور ترقی یافتہ تہذیبوں کی زبان بھی ہمیشہ عصر حاضر کے تقاضوں سے ہم آہنگ ہوتی رہتی ہے۔

دنیا کی دیگر زبانوں کی طرح اردو بھی ایک عالمی زبان ہے۔ اور آج یہ اکیسویں صدی کے جدید تقاضوں سے لیس ہونے کی کوشش میں لگی ہے۔ موجودہ صدی کو اطلاعات کے طوفان یعنی انفارمیشن ٹیکنالوجی کی صدی کہا جاتا ہے۔ دنیا بھر میں پل پل بریکنگ نیوز کے نام سے پیدا ہونے والی اطلاعات کو میڈیا کے ذرائع اور فون کے ذریعے لوگوں تک پہونچایا جارہا ہے۔ کمپیوٹر، اسمارٹ فون اور انٹرنیٹ کے عام ہونے سے دنیا بھر کی معلومات اب انسان کے ہاتھ میں آگئی ہیں اور راہ چلتے یا اپنے کمرے میں لیٹے لیٹے بھی انسان دنیا بھر سے معلومات تحریر، تصویر یا ویڈیو کی شکل میں حاصل کر رہا ہے۔ انسان

عصر حاضر کی ٹیکنالوجی سے مستفید تو ہو رہا ہے لیکن اس ٹیکنالوجی کے سفر سے بہت کم لوگ واقف ہوتے ہیں کہ آج کی یہ حیرت انگیز ترقی کن مراحل سے گُذر کر اس مقام تک پہونچی ہے۔

اردو زبان اور اس کی صحافت بھی انفارمیشن ٹیکنالوجی اور سائبر ٹیکنالوجی سے ہم آہنگ ہو رہی ہے۔ اخبارات ایک زمانے تک قارئین کو اردو میں خبریں فراہم کرنے کا ایک اہم ذریعہ تھے اور آج بھی ٹیلی ویژن اور انٹرنیٹ اور فون کی ترقی کے باجود لوگ اخبار پڑھنے کو ترجیح دیتے ہیں۔ ہمارے ہاتھ میں جو اردو اخبار ہے وہ پہلے کاتب حضرات کی کتابت اور قدیم طرز کی سنگی اور لیتھو طباعت سے آراستہ ہو کر قارئین کے ہاتھ پہونچتا تھا۔ جب کمپیوٹر کا دور آیا اور کمپیوٹر میں اردو تحریر کا سافٹ ویر وجود میں آیا تو اردو اخبارات کتابت کے مشکل مرحلے سے نکل کر کمپیوٹر کمپوزنگ کے آسان اور خوبصورت دور میں داخل ہوئے اور طباعت میں لیتھو کی جگہ آفسیٹ پرنٹنگ نے لی اور اب رنگین طباعت کا دور آگیا ہے۔

اردو اخبارات اور خاص طور سے آندھرا پردیش کے اردو اخبارت ان تبدیلیوں سے کس انداز میں دوچار ہوئے ان تمام تفصیلات سے اردو کا عام قاری اور نئے دور کا نوجوان قاری ناواقف تھا۔ اردو میں اس نئے اور منفرد موضوع پر قلم اٹھاتے ہوئے سائبر معلومات کو اردو میں قارئین تک پہونچانے میں مہارت رکھنے والے نوجوان صحافی محمد احتشام الحسن مجاہد نے اپنی دوسری تصنیف "سائبر دور میں حیدرآباد کے روزنامے" کے نام ایک مفید اور معلوماتی کتاب پیش کی ہے۔ جس کا حال ہی میں رسم سیاست ہال میں پروفیسر فاطمہ بیگم، پروفیسر ایس اے شکور، عامر علی خان نیوز ایڈیٹر سیاست اور ڈاکٹر فضل اللہ مکرم کے ہاتھوں اجرا عمل میں آیا۔

اردو اخبارات کے قارئین کے لئے محمد احتشام الحسن مجاہد تعارف کے محتاج نہیں ہیں۔ یہ روزنامہ سیاست میں ہر پیر اپنا کمپیوٹر کی معلومات پر مبنی کالم لکھتے ہیں۔ ۲۰۰۴ء سے روزنامہ سیاست سے وابستہ ہیں۔ اسپورٹس جرنلسٹ اور کمپیوٹر نالج کے ماہر کے طور پر جانے جاتے ہیں۔ اور کمپیوٹر کی مشکل باتوں کو آسان اردو میں اردو قارئین تک پہونچاتے ہیں۔ سائبر دور سے بخوبی واقف ہیں۔ اور اس کی مشکلات کو وہ خود سمجھ کر اردو قارئین تک پہونچاتے ہیں۔

آج کمپیوٹر کے غلبے والے اس دور میں کہا جاتا ہے کہ جو کمپیوٹر چلانا نہیں جانتا وہ جاہل ہے اور لوگوں کو سائبر جہالت سے دور کرنے کے لئے محمد احتشام الحسن مجاہد اپنے نام کی مناسبت سے کمپیوٹر عدم خواندگی اور سائبر کرائم کے دور میں سائبر جہاد کر رہے ہیں اور اس میں بہت حد تک کامیاب بھی ہیں۔ احتشام کی یہ کتاب "سائبر دور میں حیدرآباد کے روزنامے" ان کے ایم فل مقالے پر مشتمل ہے۔ انہوں نے شعر و ادب کے روایتی موضوعات سے ہٹ کر اردو میں کمپیوٹر ٹیکنالوجی کو تحقیق کا موضوع بنایا اور اردو تحقیق میں ایک نئے موضوع کا اضافہ کیا ہے۔ انہوں نے اردو میں جامعاتی تحقیق کو یہی موضوع بنایا ہے اور عثمانیہ یونیورسٹی سے "سائبر دور میں اردو کی ترقی" کے عنوان پر پی ایچ ڈی کے لئے تحقیق بھی کر رہے ہیں۔ ان کی زیر تبصرہ کتاب حیدرآباد کی اردو صحافت کی طباعتی اعتبار سے عہد بہ عہد تبدیلی اور ترقی کو پیش کرتی ہے۔ اور یہ کتاب حیدرآباد کے روزناموں کی ایک تاریخی دستاویز بھی ہے۔

محمد احتشام الحسن کی پہلی تصنیف "سائبر دنیا اردو میں" ۲۰۰۸ء میں شائع ہو کر مقبول ہوئی۔ اس کتاب میں کمپیوٹر کے ہارڈ ویر سافٹ ویر اور انٹرنیٹ سے متعلق تازہ ترین معلومات آسان زبان میں پیش کی گئیں۔ دوسری تصنیف "سائبر دور میں حیدرآباد

کے روزنامے " کے مشمولات میں مصنف کا مقدمہ، اردو کو ہر دور میں کامیاب بنانے کی کوشش۔ صحافی فاضل حسین پرویز کا تعارفی مضمون، سائبر دور کا آغاز وارتقاء، ہندوستان میں سائبر دور کا آغاز و ارتقاء، سائبر دور سے قبل حیدرآباد کے اردو اخبارات تاریخ و تجزیہ، سائبر ٹیکنالوجی کی آمد کے بعد حیدرآباد کے اردو اخبارات میں تبدیلیاں روزنامہ سیاست۔ منصف اور رہنمائے دکن کے حوالے سے، سائبر دور میں جاری ہونے والے حیدرآباد کے روزنامے راشٹر یہ سہارا اور اعتماد، سائبر دور کی آسانیوں کے باجود حیدرآباد کے روزناموں کے مسائل اور کمپیوٹر اور اردو سافٹ ویر کے مسائل شامل ہیں۔

مقدمے میں مصنف نے سائبر ٹیکنالوجی سے اپنی چاہت اور اردو صحافت کو سائبر ٹیکنالوجی کے عصری تقاضوں سے لیس کرنے کی جستجو کو اس کتاب کی وجہ تصنیف قرار دیا۔ ان کے اس طرح کے جذبے کی اردو کے بڑے اخبارات کے انتظامیہ کی جاب سے حوصلہ افزائی کرنی چاہئے اور اپنے اخبارات کو انگریزی اخبارات کے ہم پلہ بنانے کی جانب پیشرفت کرنی چاہئے۔ اردو کا ایک نوجوان صحافی اپنے کوشش سے ان کے مسائل کی عکاسی کرتے ہوئے ان کا حل پیش کر رہا ہے تو اس جانب سنجیدگی سے غور کی ضرورت ہے۔ اردو صحافیوں کی نئی نسل کی نمائیندگی کرنے والے نامور صحافی اور مدیر گواہ سید فاضل حسین پرویز نے اپنے تعارفی مضمون " اردو کو ہر دور میں کامیاب بنانے کی کوشش " میں کتاب کے مصنف احتشام الحسن مجاہد کو عصری موضوع پر معلوماتی مواد پیش کرنے پر مبارکباد دی ہے۔ اور اردو صحافت کی عہد بہ عہد ہورہی تبدیلیوں کو خوش آئیند قرار دیتے ہوئے اس امید کا اظہار کیا کہ اردو کے روزنامے جس طرح اپنے آن لائن ایڈیشن شائع کر رہے ہیں اسی طرح بروقت خبروں کی ترسیل کے ویب سائٹ بھی شروع کریں گے۔

کتاب "سائبر دور میں حیدرآباد کے روزنامے" کے ابتدائی ابواب میں پس منظر کے طور پر دنیا میں صحافت اور سائبر صحافت کی ابتدااور اردو میں صحافت اور سائبر صحافت کی ابتداء سے متعلق تحقیقی انداز میں مواد پیش کیا گیا ہے۔ احتشام الحسن مجاہد نے لکھا کے انٹرنیٹ کا آغاز ۲۹ اکٹوبر ۱۹۶۹ کی شام سائینسدان چارلی کلین کی جانب سے لاس اینجلس کی کیلی فورنیا یونیورسٹی سے اسٹانفورڈ ریسرچ سنٹر کو پیغام ارسال کرتے ہوئے کیا گیا۔ انہوں نے لکھا کہ سائبر ایک لاحقہ ہے جس سے سائبر آباد سائبر کرائم اور سائبر ٹیکنالوجی جیسی کمپیوٹر اصطلاحیں وجود میں آئیں۔ دنیا میں کمپیوٹر اور اس سے متعلقہ ونڈوز سافٹ ویر کی عہد بہ عہد ترقی کو احتشام الحسن مجاہد نے انگریزی کتابوں کے مطالعے سے بخوبی اردو میں پیش کیا اور دوسرے باب "ہندوستان میں سائبر دور کا آغاز" میں ہندوستان میں کمپیوٹر کی آمد اور اس کی ترقی کا احاطہ کیا گیا۔

احتشام نے لکھا کہ ہندوستان میں کلکتہ میں ۱۹۵۵ میں کمپیوٹر کی آمد ہوئی اور ۱۹۸۸ء میں انٹرنیٹ کا استعمال شروع ہوا۔ اس باب میں ہندوستان میں سائبر ٹیکنالوجی کے فروغ میں عظیم پریم جی اور چندرابابو نائیڈو کی خدمات کا احاطہ کیا گیا اور بمبئی بنگلور اور حیدرآباد میں سائبر کیفے کے آغاز کی تفصیلات دی گئی ہیں۔ جو انٹرنیٹ کے عام ہونے کی تاریخ پر مشتمل ہیں۔ کتاب کے تیسرے باب "سائبر ٹیکنالوجی سے قبل حیدرآباد کے اردو اخبارات تاریخ و تجزیہ" میں ہندوستان اور حیدرآباد میں اردو صحافت کی تاریخ کو پیش کیا گیا۔ اور صحافت کی ترقی سے متعلق اہم مواد پیش کیا گیا۔ حیدرآباد کے ابتدائی اردو روزناموں رہبر دکن اور سیاست کے آغاز کی تفصیلات دی گئی ہیں۔

کتاب کے چوتھے باب "سائبر ٹیکنالوجی کی آمد کے بعد حیدرآباد کے اردو اخبارات میں تبدیلیاں۔۔۔ سے کتاب کے اصل موضوع کا آغاز ہوتا ہے جس میں مصنف احتشام

الحسن مجاہد نے لکھا کہ اردو صحافت کو سائبر دور سے جوڑنے میں روزنامہ سیاست نے پہل کی اور ۱۵اگسٹ 1988سے روززنامہ سیاست دستی کتابت کے بجائے کمپیوٹر کمپوزنگ سے آراستہ ہو کر شائع ہونے لگا۔ اور اس کے لئے دفتر سیاست پر ایک عصری کمپیوٹر اور لیزر پرنٹر خریدا گیا تھا۔ سیاست کے اجراء کے چالیس سالہ جشن کے موقع پر اخبار کو کمپیوٹر طباعت سے ہم آہنگ کرنے کے مشن پر لکھے گئے تبصرے کو کمپیوٹر پر اردو خط تیار کرنے والے اس وقت کے ماہر کمپیوٹر اشہر فرحان فرزند انور معظم وجیلانی بانو اور کمپوزر سید شاہ عبدالقدیر کی نگرانی میں لکھا گیا جس میں اخبار کے مدیر و بانی جناب عابد علی خان نے لکھا کہ " سیاست چالیس سال بعد کمپیوٹر کی جانب قدم اٹھا رہا ہے۔ اور اللہ کا فضل ہے اور قارئین کے تعاون سے یقین ہے کہ اردو زبان کی مشکلات کے باوجود سیاست اس صدی کے تقاضوں کی تکمیل کے لئے دوسری زبانوں کے اخبارات کے قافلہ میں ان کا ہم پلہ رہے گا"۔ عابد علی خان نے اپنے اس اداریے میں نوجوان نسل پر زور دیا کہ وہ تبدیلی کے اس سفر میں اخبار کا ساتھ دیں۔

اردو خط کی تیاری میں حیدرآبادی نوجوان اشہر فرحان اور ان کے ساتھیوں نے اہم کام کیا۔ اردو اخبارات کو کمپیوٹر سے جوڑنے میں اہم کام اردو خط کی تیاری تھی جس پر صاحب کتاب نے تفصیلی روشنی ڈالی چنانچہ وہ لکھتے ہیں کہ " اردو کمپوزنگ کے لئے اردو سافٹ ویر کی ضرورت تھی جس کی تیاری میں ہندوستان کے علاوہ پاکستان کے چند ماہرین کی خدمات کو اولیت حاصل ہے۔ پاکستان میں انعام علوی کا نام سرفہرست ہے تو ہندوستان میں حیدرآبادی نوجوانوں جاوید، اشہر فرحان اور ۳ Octacle Computers کے کرتا دھرتا دو نوجوان ایوب اور طارق کے نام اردو سافٹ ویر کے بانیوں میں شمار کئے جاتے ہیں۔

"اردو خط" کی تیاری سے اردو ان پیج سافٹ ویر کا سفر اور پیج میکر اور دیگر ترقیات کے بارے میں مصنف احتشام الحسن مجاہد نے بے حد قیمتی معلوماتی مواد پیش کیا ہے۔ جو اردو زبان کو کمپیوٹر سے ہم آہنگ کرنے کی ایک تاریخی دستاویز سے کم نہیں۔ ان پیج کے ساتھ کورل ڈرا۔ فوٹو شاپ اور دیگر ضروری سافٹ ویر کی معلومات بھی کتاب کا حصہ ہیں۔ سیاست کے بعد حیدرآباد کے روزناموں رہنمائے دکن منصف وغیرہ میں کمپیوٹر کی آمد کی تفصیلات اور دیگر تبدیلیاں اس باب میں شامل کی گئی ہیں۔ کتاب کے اگلے باب میں احتشام نے حیدرآباد سے آن لائن جاری ہونے والے اردو اخبارات کی تفصیل پیش کی ہے۔ کتاب کے آخری باب میں سائبر دور میں اردو اخبارات اور صحافیوں کے مسائل پر توجہ دلائی گئی کہ اردو اخبار کے صحافیوں کو انگریزی ٹیلی پرنٹر سے دستیاب ہونے والی خبروں کے ترجمے پر انحصار کرنا پڑتا ہے۔ یو این آئی کی اردو سروس اور پی ٹی آئی کی انگریزی سروس کی خبروں کی زبان میں فرق پایا جاتا ہے۔ سینئیر تجربہ کار صحافی ترجمے پر انحصار کرتے ہیں۔ اور وہ کمپیوٹر کے استعمال سے واقف نہیں۔ نئے صحافی کمپیوٹر سے واقف ہیں لیکن ان میں خبروں کی اہمیت اور ان کے انتخاب اور ترتیب کا تجربہ نہیں۔ جسے اردو صحافت دور کرنا چاہئے۔ اخبارات کے لئے اشتہارات کے تراجم کی مجبوریوں کا بھی ذکر اس کتاب میں ہے۔

کتاب کے آخر میں احتشام نے اس امید کا اظہار کیا کہ دیگر زبانوں کی طرح اردو صحافت بھی آن لائن صحافت سے موبائل صحافت کی جانب قدم بڑھائے گی۔ مجموعی طور سائبر ٹیکنالوجی کی معلومات رکھنے والے عصر حاضر کے صحافیوں اور اردو اخبارات کے لئے احتشام الحسن مجاہد کی یہ تصنیف ' سائبر دور میں حیدرآباد کے روزنامے "معلومات اور صحافتی تاریخ کا اہم دستاویز ہے۔ کتاب کی ترتیب میں انگریزی اور اردو کتابوں کے حوالوں

انٹر نیٹ سے استفادے اور قدیم اور جدید دور کے صحافیوں کے انٹرویو سے مدد لی گئی ہے۔ایک ایسے دور میں جب کہ قومی کونسل برائے اردو زبان دہلی اور حکومت ہند کی جانب سے اردو کو سیل فون اور کمپیوٹر سے جوڑنے کے لئے جدید سافٹ ویر کا اجراء عمل میں آیا ہے۔اور یونیکوڈ نظام سے ہم آہنگ ہو کر اردو زبان اور اردو صحافت کا مواد ان پیج کی تصویری صحافت سے نکل کر گوگل کے سرچ انجن میں دستیاب ہونے لگا ہے۔

احتشام الحسن کی یہ تصنیف اردو سائبر ٹیکنالوجی کے قدیم اور جدید دور کا سنگ میل ہے۔ جس کے لئے کتاب کے مصنف قابل مبارک باد ہیں۔ انفارمیشن ٹیکنالوجی کو ظاہر کرتے ٹائٹل اور اختراعی نوعیت کی طباعت سے لیس یہ کتاب مصنف سے فون نمبر ۹٦١٨٧٣١٨٧٥ سے حاصل کی جاسکتی ہے۔

***

A Review on "Hyderabad urdu dailies in cyber age" by Ehteshamul Hasan Mujahid. Reviewer: Dr. Aslam Faroqui

***